PLATON.

VON

WILHELM WINDELBAND.

MIT BILDNIS.

STUTTGART
FR. FROMMANNS VERLAG (E. HAUFF)
1900.

Frommanns Klassiker der Philosophie

herausgegeben

von

Richard Falckenberg

Dr. u. o. Professor der Philosophie an der Universität Erlangen.

IX.

PLATON

VON

WILHELM WINDELBAND.

Inhalt.

Einleitung.

—·—

Wer von der Gewohnheit heutiger Kulturzustände her-
kommt und den Wert kennt, welcher in allen Verhältnissen
dem Wissen und dem darauf gegründeten Können zuge-
schrieben wird, der wird sich vielleicht nur schwer eine Vorstellung davon machen, wie diese Stellung der Wissenschaft im Leben erst hat erworben und erkämpft werden
müssen. Und doch versteht sich dies Schwergewicht der
Erkenntnis im sozialen Gefüge durchaus nicht von selbst.
Es findet sich nicht in den einfachen und ursprünglichen
Formen des menschlichen Zusammenlebens, in denen vielmehr leibliche Kraft und Vorzüge des Willens den Aus-
schlag geben; und wenn es in der geschichtlichen Entwicklung mit unwiderstehlicher Wucht zur Geltung gekommen ist, so entfaltet es diese in den einzelnen Völkern und
Zeitaltern mit sehr verschiedener Energie. Niemals aber
herrscht es so allein, dass es nicht seine Ansprüche von
anderen Mächten mit grösserem oder geringerem Erfolge
angefochten sähe.

Unsere Gegenwart zeigt in dieser Hinsicht ein eigenartig zwiespältiges Gepräge. Staunend erleben wir einen
Siegeszug der Wissenschaft, der die Aussenwelt in rapidem
Fortschritt bemeistert, die Widerstände von Raum und Zeit
spielend überwindet und das ganze Menschendasein bis in
seine kleinen Sonderinteressen derart durchdringt, dass die
Abhängigkeit des Lebens von der Wissenschaft auf Schritt
und Tritt unmittelbar sich dem Gefühle aufdrängt: daneben
aber stehen wir — und nicht zum wenigsten in Deutschland —- unter dem Druck heftiger Tagesströmungen, die den

Wert der wissenschaftlichen Bildung herabzusetzen ge-
schäftig sind, sei es, weil deren sachlicher Ernst die persönlichen Erfolge praktischer Klugheit zu gefährden droht,
sei es, weil von der Ruhe und Klarheit des Wissens eine
Abkühlung der Leidenschaften befürchtet wird, auf deren
elementare Gewalt die Rechnung der Parteien gestellt ist.
Höher und höher schwillt diese trübe Flut, und zu den
grossen und schweren Problemen, die wir dem kommenden
Jahrhundert übergeben, wird nicht zum wenigsten die Frage
gehören, welcher Wert im Zusammenhange des menschlichen
Lebens der Wissenschaft gewahrt bleiben soll. Ungelöst
lastet diese Frage auf unserer Generation: der unglückliche
Denker, in dem sich alle Motive des modernen Bewusstseins mit heissem Ringen drängten, ohne den Halt einer
starken Persönlichkeit finden zu können, Friedrich Nietzsche
— wie ist er in dem Auf- und Abwogen seiner Gedanken
zwischen der Vergötterung der Wissenschaft und ihrer Verachtung hin und her geschleudert worden!

In solcher Lage richtet sich der Blick von selbst in
die Vergangenheit, um die Motive und die Gedanken zu
verstehen und zu würdigen, aus denen die soziale Stellung
der Wissenschaft in der Geschichte verlangt und begründet
worden ist. Kein Stück aber aus dieser geschichtlichen
Entwicklung ist so bedeutsam, so eindrucksvoll, so lehrreich,
wie dasjenige, welches sich an den Namen Platon's
knüpft. In ihm ist das Kulturideal der Menschheit, ihr
Leben durch ihre Wissenschaft zu gestalten, vorbildlich für
alle Zeiten verkörpert. Hierin besteht der letzte Kern
seiner Persönlichkeit und der beste Inhalt seines Lebens
und Wirkens, hierin der tiefste Sinn seiner Lehre, die
Kraft seines geschichtlichen Einflusses und seine dauernde
Bedeutung auch für unsere Tage.

Diese historische Stellung Platon's ist darin begründet,
dass er die sein Leben und seine Lehren erfüllende Überzeugung vom Wesen, Wert und Ziel der Wissenschaft aus
den Bedürfnissen und Bedrängnissen der Griechenwelt

heraus entfaltet und gestaltet hat. Wie in ihr alle grossen
Probleme des menschlichen Geistes mit typischer Einfach-
heit und grossartiger Einseitigkeit zum scharfgeschliffenen
Ausdruck gelangt sind, so hat auch Platon auf der Höhe
der wissenschaftlichen Arbeit seines Volkes deren letzte
Aufgabe mit weit vorschauendem Blicke erfasst, sie zum
eigensten Gegenstand seines persönlichen Wesens und
Strebens gemacht und ihr durch sein Werk in Lehre und
Schrift die vollendete Darstellung gegeben.

Die Voraussetzungen dafür lagen in der Art, wie bei
den Griechen vor ihm sich die Wissenschaft zu einer
eignen, in sich bestimmten und gegen die übrigen abge-
grenzten Tätigkeit entwickelt hatte, und in den Beziehungen, welche sie von dieser Selbständigkeit her zu allen
sonstigen Lebensformen des Volkes gewonnen hatte. Ein
Blick auf diese Verhältnisse ist für das Verständnis von
Platon's Aufgabe unerlässlich.

Die Gunst der wirtschaftlichen Lage, welche in gewissem
Grade eine Vorbedingung auch für die geistige Kultur ist,
war im Umkreise des griechischen Lebens zuerst den Han-
delstädten in seiner Peripherie, den sog. Kolonien in Jonien,
in Sicilien und Unteritalien, in Thrakien zu teil geworden.
In ihnen erwuchs auch die Wissenschaft der Griechen,
welche von den Kenntnissen praktischer Erfahrung und den
Phantasien mythologischer Anschauung zur Erforschung der
Natur überging; ihre ersten Gegenstände waren die allgemeinen Verhältnisse der körperlichen Aussenwelt, ihre
Interessen astronomische, physicalische und meteorologische
Fragen. Allmählich schritt sie von da zu begrifflichen
Untersuchungen fort, in denen sich die Grundformen wissenschaftlicher Weltansicht vorbereiteten. Aber diese Bestrebungen, obgleich in lebhaftem litterarischen Austausch begriffen, zeigen doch zunächst eine eigentümliche Abgeschlossenheit: ihre Träger sind einzelne Männer oder enge,
wie wir annehmen dürfen, genossenschaftlich in sich abgeschlossene Schulverbände. Gerade darin zeigt es sich, dass

hier die Wissenschaft, die auf sich allein gestellte und um
ihrer selbst willen allein gesuchte Erkenntnis, als ein von
allen andern gesondertes Organ des Kulturgeistes geboren
worden ist. Diese „Philosophie" führt mitten in der reich
bewegten Öffentlichkeit ein stilles, in sich beschlossenes
Sonderdasein. Nur durch ihre unausbleibliche Wirkung
auf das religiöse Vorstellungsleben tritt sie in zunächst
feindliche Berührung mit dem Volksgeiste, und in dem
pythagoreischen Bunde macht sie die ersten Versuche, um-
bildend und erziehend auf ihn einzuwirken.

Die gewaltige Erregung des Nationalbewusstseins, welche
die Perserkriege mit sich brachten, führte auch hierin
eine entscheidende Änderung herbei: in den grossen Umschwung aller Tätigkeiten wurde auch die Wissenschaft
hineingezogen. Auch diese in sich erstarkte Kraft sollte
nun in den Dienst des öffentlichen Lebens gestellt werden.
Längst war damals für das Griechenvolk die Zeit ruhiger,
von Generation zu Generation sich stetig fortspinnender
Gewohnheiten des Glaubens und Lebens vorüber: der heisse
Kampf, den die Städte untereinander, den in den Städten
die Geschlechter und die Individuen führten, hatte alle
Kräfte ausgelöst und die Geltung alles Bestehenden an
Recht, Ordnung und Sitte in Frage gestellt. Mächtig war
in diesen Zuständen der Wert der Persönlichkeit gestiegen,
klarer die Bedeutung eigner Erfahrung und selbständiger
Überlegung erkannt. Wer blind und gedankenlos am Alt-
hergebrachten hielt, der ward in dem grossen Gedränge
zertreten oder in die Ecke geschoben: der Siegespreis im
Kampf ums Dasein fiel dem sachkundigen Urteil zu.

So brach sich bei den Griechen die Einsicht Bahn,
dass alle Tüchtigkeit gelernt sein will, die politische nicht
minder als die des gewerblichen Lebens: darin lag ein
Gegengewicht gegen den immer stärker werdenden Zug
der demokratischen Staatseinrichtungen mit ihrer Aufhebung
aller Standesunterschiede und ihrer Herrschaft der Masse
und des Loses. Zugleich aber erwuchs daraus ein bis dahin

unbekannter Ehrgeiz nach Bildung und das Bedürfnis nach einer Lehre der politischen Kunst. Eine solche Kunst aber konnte unter den gegebenen Verhältnissen nur diejenige der Rede sein. Nur die Kraft der Überredung vermochte, wie es das glänzende Beispiel des Perikles lehrte, in dem demokratischen Staate die Herrschaft über die Gemüter zu gewinnen.

Deshalb rief man begierig und neugierig jene „Weisheit" herbei, die bisher ihre eignen Wege gegangen war. Von ihr, die ein Werk edler Musse und absichtsloser Geschäftigkeit gewesen war, erwartete und verlangte man jetzt die Leistung, den Bürger zum tüchtigen Staatsmann zu erziehen. Und es kamen die Männer, die sich anheischig machten, mit ihrem Wissen dies zu thun: man nannte sie die Männer der Weisheit, die Sophisten. So ward die Wissenschaft zur Lehre, so verwandelten sich die stillen Forscher in öffentliche Lehrer. Das Wissen und Lehren wurde ein Beruf — eine Kunst, die, wie andere, bald nach Brot ging. In dem sozialen Prozess der Differenzierung war ein neues Organ zu selbständiger Entfaltung gelangt: die Arbeit der Wissenschaft sollte beginnen, mit den übrigen Tätigkeitsformen der Gesellschaft in fruchtbare Wechselwirkung zu treten.

Aber sie sollte erst beginnen! Denn was brachten nun diese Sophisten für ihren Beruf mit? Wenn sie zunächst die fremde Weisheit aus den Büchern des letzten Jahrhunderts auskramten, so waren da viele naturwissenschaftliche Kenntnisse, aus allerlei ausländischen und eignen griechischen Quellen zusammengesucht, und dazu eine Fülle erklärender Theorien physicalischer und metaphysischer Art, nüchtern und vorsichtig die einen, kühn und phantasievoll die andern, hier anschaulich ansprechend, dort abstract verblüffend — und alle diese im Widerstreit miteinander und keine in sich gefestigter als die andere. Mit solchem Wissen liess sich vor den erstaunten Zuhörern prunken; aus solcher Nahrung liessen sich Brocken aufschnappen, mit

denen man in der Rede und in der täglichen Unterhaltung
gross thun konnte: aber bürgerliche und politische Tüchtigkeit liess sich damit nicht lehren und daraus nicht lernen.
Deshalb verschmähten die Sophisten zwar diese Lockmittel
nicht, aber den Hauptwert legten sie doch in die Kunst
der Beredsamkeit. Die minderen unter ihnen begnügten
sich wohl mit dem Unterricht über das äussere Beiwerk
des Vortrages, über Satzbildung, Aussprache und Dekla-
mation, oder mit den Kunstgriffen des Beweisens und Wider-
legens in juridischer und politischer Rede, und sie haben
es in der Technik advokatischer Kniffe offenbar schon recht
weit gebracht: die besseren, Protagoras an der Spitze, ver-
tieften dies praktische Regelwerk durch eingehende Untersuchungen darüber, wie menschliche Meinungen und Wert-
entscheidungen zu stande kommen und einleuchtend gemacht werden können. Psychologische Theorien und Ansätze zu logischen und ethischen Normbestimmungen haben
sich daraus entwickelt: aber da die Untersuchung nur darauf ging, wie Ansichten und Absichten des Menschen entstehen und wie man darauf Einfluss gewinnen kann, so
war das letzte Ergebnis immer nur dies, dass sich schliesslich Alles behaupten und Alles widerlegen lasse, dass jede
Meinung und Wertung nur für das meinende und wertende
Individuum und nicht darüber hinaus gelte. Mit diesem
Verzicht auf eine übergreifende Wahrheit erwies sich die
Weisheit der Sophisten unfähig, ihre nationale und soziale
Aufgabe zu lösen: sie konnte nur die Verwirrung mehren,
aus der sie den Ausweg hatte finden und weisen sollen.
Als Athen im fünften Jahrhundert die wirtschaftliche, für
eine kurze Zeit auch die politische und für immer die
geistige Hauptstadt Griechenlands geworden war, da drängte
sich hier auch die sophistische Bewegung in glänzendem
Aufschwung zusammen: aber gerade hier hat sie das ver-
derblichste Ferment in der hereinbrechenden Zersetzung
des öffentlichen Lebens gebildet.

Diese Gefahr durchschaute der einfache und gesunde

Bürgersinn von Sokrates. Er war, als der geniale Vertreter der griechischen Aufklärung, mit seinen sophistischen Gegnern völlig darin einverstanden und hat es auf den glücklichsten Ausdruck gebracht, dass alle Tüchtigkeit im Wissen wurzle und dass nur die Erkenntnis den Menschen tüchtig und glücklich machen könne: aber er verstand auch, dass die Kunst der Sophisten immer nur auf die Wahrung der individuellen Interessen und auf ihre erfolgreiche Vertretung ausging; in diesen Dienst sollten alle Kenntnisse und alle Fertigkeiten eingestellt werden. Der praktische Wert des Wissens, den die Zeit forderte, bestand für die Sophistik nur in der Steigerung der Kraft für die nach Macht und Herrschaft strebenden Individuen. Dagegen empörte sich der patriotische Edelsinn in dem grössten Bürger Athens. Er sah in dem „tüchtigen" Bürger nicht den, der für sich, sondern den, der für das Ganze zu sorgen weiss; er fand die „Tüchtigkeit" des Staatsmannes nicht in der Fähigkeit, seine Meinungen und Interessen oder die seiner Partei zur Geltung zu bringen, sondern in der Einsicht, die für das Wohl des Ganzen zu wirken versteht; er verlangte von der Wissenschaft, dass sie den Bürger nicht „tüchtig" macht zur Vertretung seiner persönlichen Absichten, sondern fähig und gesonnen, dem Vaterlande zu dienen. Die Kunst, welche die Wissenschaft den Bürger lehren soll, ist die, im sittlichen Sinne tüchtig, d. h. tugendhaft zu sein. Tüchtigkeit und Tugend — das ist der Unterschied zwischen den Sophisten und Sokrates: persönliche Fähigkeit des Wirkens bei den einen und sittliche Charakterbildung bei dem andern: und weil beides in der griechischen Sprache durch dasselbe Wort (ἀρετή — wie später im Lateinischen „virtus") ausgedrückt wird, so hat sich daraus eine historische Dialektik entwickelt, die, schon bei Platon hervortretend, sich durch die ganze ethisch-politische Litteratur der folgenden Jahrhunderte hindurchgezogen hat, ein stetiger Grund von Missverständnissen und Zweideutigkeiten.

Von einem Selbstzweck und einer Selbstgenügsamkeit
des Wissens ist also bei Sokrates so wenig die Rede wie
bei den Sophisten, mag er auch gelegentlich an der Unter-
redung selbst, an dem Wechselspiel der Behauptungen und
Widerlegungen die ästhetische Freude des phantasievollen
Griechen erkennen lassen. Im allgemeinen überwiegt der
Ernst der Aufgabe, welche die Erkenntnis erfüllen soll:
den Menschen sittlich zu bessern und zum guten Bürger
zu erziehen. Je energischer aber dieser Zweck ins Auge
gefasst ward, um so deutlicher wurde es, dass dafür die
Mittel der bisherigen Wissenschaft nicht im entferntesten
ausreichten. Gerade das, was an ihr das Bedeutsamste
war, versperrte die Möglichkeit ihrer praktischen Ver-
wertung. Von der Auffassung der Natur hatte sie den
vermenschlichenden Mythos mehr und mehr abgestreift
und war zu kühnen Begriffsbildungen fortgeschritten, in
denen sich allgemeine theoretische Ansichten von dem
Sein und Werden aller Dinge, von den Trägern und den
Formen des natürlichen Geschehens entwickelten: aber von
diesen metaphysischen Vorstellungen über den mechanischen
Zusammenhang der Aussenwelt war eine Beziehung zu
den Wertinhalten des Menschenlebens höchstens durch-
geistreiche Analogien und niemals mit gedanklicher Strenge
zu gewinnen. Dasselbe galt von der grossen Masse
der einzelnen Kenntnisse, die durch jene Begriffe ver-
arbeitet werden sollten. Am meisten brauchbar konnten
noch die physiologischen und psychologischen Einsichten
und Ansichten erscheinen, deren Umfang im fünften Jahrhundert erstaunlich gewachsen war. Allein gerade ihre
Ausbeutung durch die Sophisten zeigte, dass man auf
diesem Wege nur bis zum Verständnis der psychogene-
tischen Notwendigkeit aller menschlichen Meinungen und
Willensrichtungen gelangen konnte.

Auf alle diese Gelehrsamkeit glaubte Sokrates, der
darin vielleicht nicht so ganz Laie war, wie manchmal
angenommen wird, für seinen Zweck verzichten zu dürfen

und zu sollen. Das Wissen, worin er Tugend und Glück des Einzelnen, Heil und Rettung des Staates suchte, hatte seinen Gegenstand nur an den sittlichen Werten und Normen. Auf diesem Gebiete glaubte Sokrates gegenüber der Verflüssigung und Verflüchtigung aller Ueberzeugungen, worauf seine Zeit mit ihrer Sophistik zutrieb, zu festen ᾿ und allgemein giltigen Ergebnissen gelangen zu können. Die Voraussetzung dafür fand er in dem unmittelbaren Volksbewusstsein selbst, in der zwingenden Macht, welche die gemeinsame vernünftige Ueberlegung über die Widersprüche und Irrungen des individuellen Meinens und Wollens auszuüben geeignet ist. Durch gemeinsames ernstes Nachdenken müssen, von jedem beliebigen Ausgangspunkte her, die allgemeinen Prinzipien aufgefunden werden, nach denen der Mensch im eignen wie im öffentlichen Leben Werte und Zwecke bestimmen und demgemäss handeln soll.

So hoch deshalb gerade Sokrates den ethischen, politischen und sozialen Wert des „Wissens" anschlug, so lebhaft bekämpfte er andrerseits die zünftige „Wissenschaft" in ihrer sophistischen Gestalt. Der eigentliche Träger des sittlichen Wissens ist für ihn das Volk, und seine eigne Aufgabe sieht er nur darin, das keimende Bewusstsein zu „entbinden", aus dunklen Gefühlen klare Grundsätze zu entwickeln und das nur halb bewusste, seiner selbst nicht gewisse Wollen und Werten in deutliche Begriffe überzuführen. In dieser Auffassung erscheint das Wissen als sittliche und politische Pflicht eines jeden Bürgers, es zu erwecken als Aufgabe jedes reifen Mannes, sein zünftiger Betrieb dagegen, zumal wo er zum berufsmässigen Erwerb werden soll, als Verirrung und Herabsetzung.

Allein, so edel die Gesinnung war, die Sokrates durch diese Bestrebungen betätigte und so berechtigt das Bedürfnis war, dem sie entsprangen, so wenig vermochten sie doch ihr Ziel zu erreichen, und nur der genialen Persönlichkeit des Mannes selbst war es zu danken, dass er auf einen immerhin beschränkten Kreis sehr verschiedenartiger

Persönlichkeiten die mächtige Wirkung ausübte, die seinen
Namen berühmt gemacht hat. Der Zauber der Individualität war wirksamer als das philosophische Prinzip. Wenn
wir das Bild seiner Persönlichkeit in allen, noch so weit
aus einander gehenden Richtungen der alten Philosophie
mit sehr verschiedener Beleuchtung gespiegelt finden, wenn
jede davon ihn als ihren Heros in Anspruch zu nehmen
bemüht ist, so bleibt das Gemeinsame darin nicht eine
philosophische Lehre, sondern eben jene Wucht des Persönlichen. Ohne dieses Moment würde die Wirksamkeit des
Mannes auf die Dauer sich in ein moralisierendes Räsonne-
ment verzettelt haben. Wenn er dafür ein „begriffliches"
Wissen verlangte und damit einen weittragenden Grundsatz
aussprach, so war das bei ihm selbst doch nur ein Keim,
der noch dazu nicht in den günstigsten Boden gesetzt war.
Der Fortgang der Wissenschaften bis auf den heutigen Tag
hat gelehrt, dass auf dem Gebiete der Werte die Bildung
fester allgemeiner Begriffe vielleicht schwieriger ist als auf
irgend einem andern; und wenn wir nach dem Ertrag
forschen, den Sokrates selbst darauf geerntet hat, so fällt
er sehr gering aus. Erst als Platon und Aristoteles das
Prinzip des begrifflichen Denkens in die Metaphysik und
die Naturwissenschaft verpflanzten, erst da erstarkte das
sokratische Reis zu dem starken Baume, der dann auch
Früchte für die Ethik trug.

Wäre es daher bei der sokratischen Beschränkung
des Wissens auf das für das Handeln Notwendige geblieben,
so wären zwischen diesem an sich trockenen Rationalismus
und dem technischen Utilismus der philosophischen Rede-
künstler sehr bald alle die grossen Ergebnisse, welche die
Denkarbeit der vorsophistischen Naturphilosophie gezeitigt
hatte, rettungslos in Vergessenheit geraten; damit aber
wäre auch der Wert der Wissenschaft wieder verloren gewesen und es wäre der Anfangszustand zurückgekehrt, der
neben mythischen Vorstellungen nichts weiter als einerseits
praktische Kenntnisse und Fertigkeiten, andrerseits morali-

sierende Reflexionen als Bestandteile des intellectuellen Lebens aufgewiesen hatte.

Von hier aus verstehen wir die Bedeutung Platon's, der es in diesem verworrenen und zugleich leidenschaftlich bewegten Zustande unternahm, die Wissenschaft von Grund aus neu zu schaffen und für sie die Herrschaft in der ganzen Ausdehnung des menschlichen Lebens zu beanspruchen. Er schöpfte den Mut und die Kraft dazu aus der Begeisterung für das sokratische Lebensideal und aus der politischen Leidenschaft, mit der es sich in ihm verband. Er war niemals ein interesseloser Denker und Forscher: das heisse Blut des moralisch-politischen Reformators pulsiert in allen seinen Schriften wie in seinem Leben.

Aber diese Tendenz adelt sich bei ihm durch die überlegene Gewalt des philosophischen Gedankens. Das Entscheidende in seiner Entwicklung ist das Verständnis dafür, dass die Wissenschaft, welche dem menschlichen Leben Gesetz und Richtung geben will, nicht bei politischen und moralischen Reflexionen stehen bleiben darf, sondern die Zwecke des Menschentums aus dem Zusammenhange einer Welterkenntnis begreifen und feststellen muss.

Wenn jedoch Platon unter diesem Gesichtspunkte die Gedanken der älteren Metaphysik wieder aufzunehmen lernte, wenn er auf diese Weise die getrennten Fäden der bisherigen Entwicklung in sich vereinte, so ergab diese Durchdringung der kosmologischen und der anthropologischen Prinzipien notwendig eine teleologische Weltanschauung. Wenn die Ziele des Menschenlebens aus der Erkenntnis des Zusammenhanges aller Dinge bestimmt werden sollen, so muss dieser selbst als ein zweckvoller verstanden werden.

Eine solche teleologische Weltansicht ist aber von selbst religiösen Charakters. Während deshalb die erste Wissenschaft der Griechen sich der mythischen Vorstellungsweise entfremdet und die Aufklärung in Sokrates wie in den

Sophisten sich dazu verhältnissmässig gleichgiltig gestellt
hatte, gewinnt Platon wieder lebendige Fühlung mit dem
religiösen Bewusstsein. Ja, er ist auch in dieser Hinsicht
Parteimann und vertritt eine bestimmte Richtung. Das
wissenschaftliche Interesse verknüpft sich mit dem religiösen bei ihm so eng, dass er, ganz entgegen dem sonstigen
Griechentum, bestimmte religiöse Lehren dogmatisch begründet und verteidigt und sie als integrierende Bestandteile seinem metaphysischen System einfügt. So wird er
der erste Theologe und hat als solcher gewirkt und immer
gegolten.

In diesem Zusammenhange erst gewinnt seine Absicht,
die Wissenschaft zur Führerin des Lebens zu machen, ihre
spezifische Färbung: und in dieser Tendenz, eine Lehre
zum beherrschenden Prinzip der Menschenwelt zu machen,
besteht die seiner eignen Zeit ahnungsvoll weit vorgreifende
Bedeutung seiner Wirksamkeit.

Nehmen wir endlich hinzu, dass dieser gewaltige
Lebensinhalt nicht nur in rastloser Lehre und bis zum
Greisenalter jugendstarker Betätigung sich entfaltet hat,
sondern auch in der künstlerisch abgeklärtesten Form vorliegt, dass dieser Denker und Politiker, dieser Theologe
und Prophet einer der grössten Schriftsteller aller Völker
und Zeiten gewesen ist, so schliesst sich das Bild einer
jener seltnen Persönlichkeiten zusammen, in denen das
Leben unsres Geschlechts sich zur höchsten Vereinigung
aller seiner Werte steigert und die Grenze des Menschlichen zu erreichen scheint.

I. Der Mann.

Platon's Geburt fällt in die ersten Jahre des peloponnesischen Krieges, in jenen Kulminationspunkt der griechischen Geschichte, wo der Glanz des Augenblicks noch den Beginn des Niederganges verdeckt. Platons Heimat ist Athen, zu dieser Zeit unbestritten der Mittelpunkt des hellenischen Lebens und die herrschende Stadt, eben mit stolzer Siegeszuversicht in den Kampf eingetreten, der ihre Macht schliesslich brechen sollte. In ihrem Innern herrscht ein reiches, vielgestaltiges Treiben, wofür alle Kräfte des Willens und des Intellects zu höchster Freiheit entbunden sind. Der Sieg der demokratischen Verfassung ist entschieden und schon beginnen ihre Gefahren an den Tag zu treten; das öffentliche Leben wird aufgeregter und wilder, die Leidenschaften der Masse reissen die Herrschaft an sich, und der Klassengegensatz der Armut und des Reichtums wird von immer düstrerer Gewalt. Aus dieser trüben Gärung aber wachsen die lichten Gebilde der Kunst und der Wissenschaft hervor. Die dramatische Dichtung erhebt sich zu ihren höchsten Leistungen in Tragödie und Komödie, die Stadt bevölkert sich mit den hehren Gestalten der Sculptur, und die Männer der ernsten Wissenschaft halten ebenso wie die Sophisten ihren Einzug in Athen.

In eine solche Welt gesteigerten und schon überreizten Kulturlebens wurde Platon hineingeboren als der Geist, in welchem sich all die heisse Sehnsucht der Zeit zur Gestaltung eines neuen Ideals zusammendrängen und verklären sollte.

Sein Leben ist, obwohl es in eine geschichtlich so helle Zeit fällt, doch nur in den Hauptzügen mit voller

Sicherheit festzustellen; in vielen Einzelheiten bleiben be-
klagenswerte Lücken unserer Erkenntnis. Das liegt an
dem allgemeinen Charakter der antiken Ueberlieferung:
selbst das was von ihr auf uns gekommen ist, erscheint
allzu leicht in unbestimmten Linien. Auch um Platon's
Gestalt hat sich früh die mythenbildende Phantasie ge-
rankt, die bei den Griechen das Erleben wie das Erzählen
mit so reicher Fülle umspann, dass wir uns nur schwer
davon eine Vorstellung machen und nicht minder schwer
die Tatsachen von der bunten Hülle scheiden können,
die sie umschleiert. Dazu kommt, dass eine so ausgeprägte
Persönlichkeit, die mit so bestimmter Energie ein hohes
Prinzip vertritt wie Platon, notwendig von der Bewunderung
ebenso verklärt wie von der Gegnerschaft verdunkelt werden musste. So hat es denn langer und vielseitiger Arbeit
bedurft, ehe die geschichtliche Erkenntnis ein annähernd
sicheres Bild des grossen Mannes gewinnen konnte. Die
philologisch-historische Forschung, die in unserm Jahrhundert der Geschichte der Philosophie so wertvoll klärend,
ergänzend und berichtigend an die Seite getreten ist, hat
sich keinem Gegenstande lebhafter und fruchtbarer zugewendet, als gerade Platon und seiner Lehre. Wer in
die weitschichtigen Untersuchungen des Einzelnen dabei
eintreten will, wird sich am besten der bewährten Führung
Eduard Zeller's im zweiten Bande seiner „Philosophie der
Griechen" (4. Aufl., Leipzig 1889) anvertrauen.

Als das Geburtsjahr Platon's gilt mit der grössten
Wahrscheinlichkeit 427 v. Chr. Seine Abstammung war
durchaus vornehmer Art. Der Vater, Ariston, durfte sein
Geschlecht auf die Kodriden, die Mutter, Periktione, das
ihre auf das Haus des Solon zurückführen. Er selbst soll
nach seinem Grossvater eigentlich Aristokles geheissen
und den Beinamen Platon erst von einem seiner Turn-
lehrer wegen seiner stattlichen Gestalt erhalten haben.
Aber nicht nur die Breite des Körperbaues, sondern auch
die Schönheit und Harmonie seiner ganzen Erscheinung,

die glückliche Gesundheit seines leiblichen Wesens hat
das Altertum gerühmt, und wir glauben es gern, dass
dieser vollkommene Geist auch in einem vollkommenen
Körper gewohnt hat. Das Bild des gereiften Schulhaupts,
das, erst in neuester Zeit als dasjenige Platons erkannt,
am Eingang dieser Darstellung wiedergegeben ist, lässt freilich mehr den Ernst und das Pathos des Denkers als den
Schwung jugendlichen Aufstrebens erkennen.

Und doch ist dieser Schwung eben der Zug, der dem
Wesen Platons, soweit wir es aus seinem Wirken erkennen,
bis zum Alter am kräftigsten und bezeichnendsten auf-
gedrückt ist. In dieser weihevollen Erhebung zu dem
Höchsten und Edelsten menschlichen Denkens und Wollens
besteht der Zauber seiner litterarischen Persönlichkeit. Un-
ermüdlich ist er bis zum Ende in Lehre und Schrift wirksam gewesen, und gerade an dem Werke, vor dessen Abschluss ihn der Tod hinwegnahm, den „Gesetzen“, fühlen
wir durch die oft gedehnte und zerfliessende Darstellung
hindurch noch immer den Feuergeist, der die Wirklichkeit
mit seinen Idealen durchdringen will, der von sich und
von der Menschheit das Höchste verlangt und der in
leidenschaftlicher Erregung gegen andersartige Gewöhnung
und Gesinnung losfährt.

Welch ein Genuss müsste es sein, der Entwicklung
folgen zu dürfen, mit der dieser Feuerkopf, in den günstigen
Lebensverhältnissen einer angesehenen Familie aufwachsend,
sich den reichen und buntschillernden Bildungsinhalt seiner
bewegten Jugendzeit angeeignet hat! wie er diese unvergleichliche Gestaltenfülle in sich gesogen, bemeistert und
für sich geformt hat! Was wir aus der Ueberlieferung davon wissen, ist gering, unbedeutend und gleichgiltig. Gelegentlich werden die Namen seiner Elementarlehrer in
Gymnastik und Musik, d. h. in leiblicher und geistiger
Ausbildung genannt; dass er in seinem Homer gründlich
beschlagen war, zeigen seine Schriften fast auf jeder Seite.
Wir dürfen annehmen, dass er nach der Gewohnheit seiner

Standesgenossen bei den Vorträgen der Sophisten nicht
gefehlt hat, deren Art er so köstlich zu schildern weiss
und von denen er vielleicht einige der bedeutenderen persönlich gehört hat: auch spricht alles dafür, dass er schon
in früher Zeit mit der philosophischen Litteratur Fühlung
gewonnen hat. Nicht nur die Lehre Heraklit's, von der
es ausdrücklich bezeugt ist, auch die der berühmten Eleaten
und namentlich die des Anaxagoras, der selbst in Athen
gelebt hatte, sind ihm vermutlich schon in den Jugend-
jahren mehr oder minder nahe getreten. Dafür sorgte
zweifellos die lebhafte geistige Bewegung in der athenischen
Jugend.

Noch mehr aber nahm ihn gewiss das politische
Interesse gefangen. Seine erste, die für die Richtung
des Menschen entscheidende Entwicklung fiel in die auf-
geregteste Zeit der attischen Geschichte: er entwuchs den
Knabenjahren, als die Athener das glänzende, dem erschüttern-
den Misslingen entgegengehende Abenteuer des sicilianischen
Feldzugs wagten, und er reifte zum Manne, als das schwere
Geschick des Zusammenbruchs der Macht über seine Vaterstadt unabwendbar hereinbrach. Er erlebte die wilden
Kämpfe, welche sich während des Krieges im Innern des
heimatlichen Staates abspielten. Seine Abstammung führte
ihn in die Reihen der aristokratischen Partei, die grollend
und ohnmächtig der unheilvollen Volksherrschaft gegenüber-
stand; mehrere seiner Verwandten rechneten zu ihren
Führern. Es würde mit seinem Wesen unvereinbar sein,
wenn man nicht annehmen wollte, dass er von allen diesen
Bewegungen auf das tiefste ergriffen wurde und dass der
Ehrgeiz, zur Rettung des Staates und der höchsten Güter
mit seinem ganzen Wirken einzutreten, schon damals in
seiner Seele Platz griff.

Doch scheint es nicht, dass Platon früh sich am politischen Leben activ beteiligt habe. Wir müssen uns ihn
im Umgang mit jener vornehmen Jugend Athen's denken,
die den Zauber ihrer Zeit in geistesfroher Geselligkeit

genoss. Wieweit er je in die Auswüchse dieses oft gewiss übermütigen Treibens verwickelt war, wissen wir nicht: jedenfalls aber hat er niemals darüber den Sinn für den geistigen Lebensinhalt vergessen, den diese Jugend sich aneignen durfte. Seine Schilderung des Alkibiades ist vielleicht in gewissem Sinne eine Art von Selbstbekenntnis. Aber den Mittelpunkt dieser höheren Interessen bildete die glänzende Entwicklung der Dichtung, und wenn wir erfahren, wie ausgebreitet in jener Zeit die dilettantische Beschäftigung mit poetischen Versuchen war, so wird es uns nicht Wunder nehmen zu hören, dass auch Platon in epischer und dramatischer Form dieser Neigung reichlich gefröhnt hat. Wie weit er es darin gebracht haben mag, können wir nicht bestimmen, und bei allem poetischen Reiz, den seine Schriften besitzen, kann doch Niemand sagen, wieviel wir daran verloren haben, wenn er wirklich, wie berichtet wird, alle diese dichterischen Jugendsünden verbrannt hat, als er mit Sokrates bekannt geworden war.

Die intime Beziehung zu diesem genialen Sonderling bildet offenbar die grosse Epoche in Platons Jugendentwicklung. Wie sie im besondern zu stande gekommen ist, wissen wir nicht; aber die Bedingungen ihrer Möglichkeit sind leicht darzulegen. Sokrates war ein entschiedener Gegner des demokratischen Regiments; er, der Sohn eines armen Bildhauers, nicht aus Familientradition, sondern aus doctrinärer Ueberzeugung. Er fand, dass, wenn man sonst im bürgerlichen Leben bei jedem Geschäft sich an den Sachkundigen wende, es das denkbar Thörichtste sei, in den wichtigsten, in den öffentlichen Angelegenheiten die Entscheidung dem Los und (was schlimmer ist) der Wahl anheimzugeben, statt der Einsicht. So vereinigte ihn der Widerspruch gegen die Demokratie mit der aristokratischen Jugend, welche ihrerseits dabei von der angestammten Interessenpolitik nicht frei war, und es wurde kein Anstoss darin gefunden, wenn unter den ἄριστοι Sokrates die Einsichtigsten und Tugendhaftesten, seine Genossen aber den

alten gesinnungstüchtigen Adel verstanden. Jedenfalls bestand der Kreis, der sich in eigenartiger Weise um Sokrates mit fröhlicher Lebensgemeinschaft und geistig ge-
steigerter Zusammengehörigkeit bildete, wesentlich aus Mitgliedern jener aristokratischen Jugend, und das hat ja
zweifellos auch das Geschick des seltsamen Mannes in
letzter Instanz mitbestimmt.

Auf diesem Wege hat vermutlich auch Platon seine
Beziehungen zu Sokrates gefunden, die so tief und so innig
geworden sind, wie sie überhaupt nur zwischen reifen
Menschen verschiedenen Alters zu sein vermögen. Das
Letzte und Individuellste eines solchen Verhältnisses entzieht sich selbstverständlich jeder historischen Erkenntnis:
aber dass hier eine geistige Gemeinschaft höchster Art
vorgelegen hat, dafür geben in Verbindung mit den zahlreichen, wenn auch zum grossen Teil anekdotenhaften Berichten des Altertums in erster Linie Platon's Schriften
das entscheidende Zeugnis ab. Dass Sokrates der Wortführer in der grössten Zahl der platonischen Dialoge ist,
hängt zwar mit dieser künstlerischen Form und vielleicht
mit allgemeineren Richtungen der gleichzeitigen Litteratur
zusammen: aber die Art wie dabei neben der intellectuellen
Ueberlegenheit der reine und hohe Charakter des Mannes
überall in den feinsten und liebenswürdigsten Zügen zur
Darstellung gebracht wird, ist der beste Beweis für eine
den Tod überdauernde Hingebung und Liebe des Schülers,
die eine fast religiöse Energie der Dankbarkeit und der
Pietät erkennen lassen. Und wenn die „Apologie" eine
Art von Parteischrift sein mag, so zeigen „Symposion" und
„Phaidon", von denen namentlich der letztere Jahrzehnte
nach des Meisters Tode geschrieben ist, jene weihevolle
Erinnerung noch gesteigert und verklärt.

Fragen wir nun aber, was Platon diesem Verhältnis
verdankt hat, so ist offenbar das Mass der theoretischen
Lehren dabei sehr viel geringer als die Bedeutsamkeit der
ethisch-politischen Richtung, die er von Sokrates empfing.

Von ersteren war ja bei diesem selbst nichts Positives zu holen: nur die formale Neigung und Uebung des dialektischen Denkers konnte sich dem Schüler mitteilen und besonders jene weittragende Forderung der begrifflichen Erkenntnis. Ihre metaphysische Bedeutung freilich hat diese wie ihre wissenschaftliche Brauchbarkeit gerade erst durch Platon gewonnen.

Weit wichtiger war es, dass die äussere Gleichheit der politischen Richtung sich zwischen beiden Männern zu einer Gemeinschaft der Lebensauffassung vertiefte, welche die höchsten Werte der Menschheit zu ihrem Inhalt hatte. Bei Platon erreichte der attische Weise, was ihm an Alkibiades der Hauptsache nach doch misslungen zu sein scheint: den Gegensatz gegen die Demokratie von den Interessen der Person und der Partei abzulösen und auf eine ethische Höhe zu heben — den politischen Ehrgeiz in den moralischen zu verwandeln und an die Stelle des Streites um Besitz, Macht und Ehre die gemeinsame Arbeit an den höchsten Aufgaben des Lebens zu setzen. Zweifellos war es Sokrates, der dem jungen Aristokraten die Augen darüber öffnete, dass auch von seiner Partei die Heilung des an Leib und Seele krankenden Staates nicht zu erwarten war; und die Erlebnisse um das Ende des peloponnesischen Krieges herum konnten diese Einsicht nur befördern. Aber erst durch Sokrates ging dem empfänglichen Geiste des Schülers der hohe Gedanke auf, dass es aus den Wirren der Zeit einen Ausweg nur dann gäbe, wenn das gesamte Staatswesen auf einen neuen Boden gestellt und zu seiner Grundlage statt des Interessenkampfs die sittliche Erziehung gemacht würde. Wie weit Sokrates selbst mit seiner praktischen Kritik und mit der humorvollen Bescheidung des Alters an die Durchführbarkeit solcher Ideale geglaubt hat, wird nie zu entscheiden sein: sicher aber ist, dass Platon von der Heiligkeit dieser Aufgabe in seinem ganzen Wesen erfasst wurde und ihr sich mit der leidenschaftlichen Begeisterung hingab, die er später, obwohl vielleicht nicht

sehr viel später in seinem „Gorgias" zum ergreifenden
Ausdruck gebracht hat. Und nicht unmöglich ist es, dass
dieser reformatorische Feuereifer des jugendlichen Genossen
weit über die Grenzen hinausschoss, welche Sokrates sich
mit seiner stillen und unscheinbaren Arbeit an der Klärung
des Volksbewusstseins gesetzt hatte.

Dazu kam als ein Differenzpunkt zwischen beiden
grossen Individualitäten die Lebhaftigkeit einer positiv
religiösen Ueberzeugung, die sich im Gegensatz gegen
die kühle Skepsis des Sokrates bei Platon in seiner ganzen
späteren Entwicklung so entscheidend erwies, dass wir
allen Anlass haben, sie auf jugendliche Einflüsse und Ge-
wöhnungen, vielleicht auf Familientraditionen zurückzuführen. Jedenfalls tritt das Ideal einer sittlichen Reform des
politischen Lebens bei Platon von Anfang an mit einer
so stark religiösen Färbung auf, wie sie aus der Persönlichkeit des Sokrates nach der Zeichnung, die nicht nur andre,
wie Xenophon, sondern auch Platon selbst davon gegeben
hat, nimmermehr abzuleiten ist. Die Beziehung auf das
jenseitige Leben, welche für Platon's Weltansicht und seine
Beurteilung menschlicher Verhältnisse stets massgebend
gewesen ist, bildet ein unsokratisches Moment, das wir nur
aus Platon's intimen Beziehungen zu der religiösen Bewegung seiner Zeit ableiten können. Auch hierin allerdings sind wir lediglich auf Schlüsse aus indirekten Angaben und Vermutungen angewiesen: aber seit Erwin Rohde
in seiner „Psyche" (2. Aufl. 1898) diese Verhältnisse in
grossen Linien untersucht und dargestellt hat, stehen wir
darin auf festerem Boden, und Platon erscheint als das
wesentliche Glied in einer grossen Bewegung, durch welche
die transscendenten Beziehungen, mit denen der griechische Mythos das Menschenleben durchflocht, ein festes
und lehrhaftes Gefüge anzunehmen sich anschickte.

Es ist nicht zu entscheiden, zu welchen Zeitpunkten
und in welchen Verhältnissen zuerst sich alle diese Einflüsse in Platon's Geiste gekreuzt haben: die Stellung des

jungen Mannes erscheint in der Hauptsache als ausgesprochene Jüngerschaft dem Sokrates gegenüber. Deshalb wurde er denn auch so tief und so folgenreich wie
nur irgend einer von dem tragischen Geschick seines
Lehrers betroffen. Dass der Prozess, der mit dessen Mär-
tyrertod endete, einen stark politischen Charakter wenn
nicht von Anfang an besass, so doch in seinem Verlaufe
und namentlich in seinen Folgen annahm, darf als zweifellos angesehen werden. Platon hatte daran äusserlich den
Anteil, dass er sich für die Busse, zu der sich Sokrates
bereit erklärte, mit Anderen zusammen verbürgen wollte.
Ob es Tatsache ist, dass er, wie der „Phaidon" annehmen
lassen will, durch Krankheit verhindert war, in den letzten
Stunden des väterlichen Freundes an seiner Seite zu sein,
bleibt dahingestellt: die zweifelhafte Angabe kann auch
eine schriftstellerisch wohl begreifliche Fiction sein.

Der politische Charakter des Prozesses tritt jedoch am
deutlichsten darin zu Tage, dass ein grosser Teil des sokratischen Kreises es danach für geraten hielt, Athen zu
verlassen und in dem gastlichen Hause des Eukleides zu
Megara eine Zuflucht zu suchen. Dorthin hat sich auch
Platon begeben. Es war im Jahre 399; aber von da an
verlässt uns wieder für längere Zeit jede chronologische
Sicherheit. Ueber die Dauer des Aufenthalts in Megara
fehlt es an jeder Vermutung, und auch die Reihenfolge
und die Ausdehnung der Reisen, die sich daran geschlossen haben, lassen sich nicht mehr genau bestimmen.
Der Wahrheit am nächsten kommt wohl die Annahme,
dass er zunächst, vielleicht ohne erst Athen wieder zu
berühren, von Megara aus an die afrikanische Küste des
Mittelmeers ging, Kyrene und namentlich Aegypten besuchte, sodann um die Mitte des ersten Jahrzehnts des
vierten Jahrhunderts wieder für eine nicht näher zu be-
grenzende Zeit in Athen lebte und von hier schon vor 390
zu seiner ersten Reise nach Sicilien und Grossgriechenland
(Unteritalien) aufbrach.

Mit nicht grösserer Sicherheit lässt sich vermuten,
was den besonderen Wert dieser Reisen für Platon aus-
gemacht haben mag. Ob irgend welche Beziehungen zu
religiösen Kulten dabei obgewaltet haben, ist völlig ungewiss, und worin neben der allgemeinen Bereicherung
seiner Welt- und Menschenkenntnis eine Förderung seiner
wissenschaftlichen Bildung bestanden haben sollte, die ihm
nicht auch litterarisch zugänglich gewesen wäre, lässt sich
kaum sagen. Naturwissenschaftliche Beobachtungen, zu
denen überhaupt seine Anlage wenig neigte, hat er bei
der damaligen Richtung seines Geistes schwerlich gesucht
oder gesammelt. Wenn er dagegen in Kyrene den Umgang des berühmten Mathematikers Theodoros genossen
haben soll, den er übrigens schon in Athen gekannt zu
haben scheint und später in seinem „Theaetet" verherrlicht
hat, so ist daran jedenfalls soviel wahr, dass er in diesem
Jahrzehnt sich auf das eingehendste mit mathematischen
Studien beschäftigt, darin eine eigne, achtungswürdige
Stellung erworben und ihre Bedeutung für seine philosophische Lehre zu erfassen angefangen hat. Darin lagen
dann zunächst auch wohl die wissenschaftlichen Anknüpf-
ungen zwischen ihm und den Pythagoreern, mit denen er
in Grossgriechenland und Sicilien vertraute Beziehungen
gewonnen hat.

Wenn Platon wenige Jahre nach der Hinrichtung des
Sokrates in seine Vaterstadt zurückkehrte, so fand er dort
noch immer die siedende Leidenschaft der Parteikämpfe
und in diese den Namen und die Person seines Meisters
Sokrates hineingezogen vor. Auch damals ist er in active
Politik offenbar nicht eingetreten; um so mehr scheint er
in den politisch-litterarischen Streit mit voller Energie ein-
gegriffen und zugleich die ersten Versuche gemacht zu
haben, um in den Mittelpunkt einer theoretischen Bewegung zu treten, die das sokratische Ideal durch wissenschaftliche Erziehung und religiöse Gesinnung zu verwirklichen suchte. Dass diese Tätigkeit schon damals die

geschlossene Form einer organisierten Lehre angenommen habe, ist äusserst unwahrscheinlich: viel natürlicher ist es zu vermuten, dass Platon, ähnlich wie Sokrates, um sich eine Anzahl gleichgesinnter Genossen in freier Geselligkeit vereinigte und mit diesen die Umbildung erörterte, welche die Gedanken des sokratischen Kreises in seinem Kopfe zu gewinnen angefangen hatten.

Den Sinn dieser Umbildung erkennen wir aus den Schriften Platon's, die wir etwa in diese Zeit zu verlegen haben: sie bewegt sich nach zwei Richtungen. Einerseits entwickelt sich aus der Ergänzung des sokratischen Philosophierens durch die teils positive, teils negative Wirkung sophistischer und namentlich protagoreischer Theorien und zum Teil vielleicht schon unter dem Einfluss der Mathematik der Anfang einer zugleich dialektischen und metaphysischen Doktrin, die jedoch nur mehr angedeutet und gefordert als wirklich dargestellt und begründet wird. Andrerseits nimmt das ethisch-politische Ideal schon eine festere Gestalt an, und der Gegensatz gegen die verworrenen Zustände der Zeit treibt das Begehren, sie von der wissenschaftlichen Einsicht aus zu reformieren, zu heftiger, oft hoffnungsvoller, oft bitter gereizter Energie hervor. An manchen Stellen aber drängen sich schon zwischen die politische Agitation und die wissenschaftliche Untersuchung eigenartige religiöse Dogmen ein, die zwischen beiden eine theoretische Vermittlung herbeizuführen bestimmt sind.

Diese Vereinigung wissenschaftlicher, ethisch-politischer und religiöser Interessen ist es möglicherweise gewesen, welche Platon zu seiner Fahrt in den westlichen Teil des griechischen Kulturlebens bestimmte: dort konnte er hoffen, bei den Pythagoreern nicht nur Förderung seiner wissenschaftlichen Bestrebungen, sondern vielleicht auch tatkräftige Unterstützung seiner politischen Tendenzen zu finden, deren Aussichtslosigkeit auf dem heimatlichen Boden ihm mit den Jahren mehr und mehr klar geworden

war. Der pythagoreische Bund war dort immer noch eine
politische Macht. Er hatte, gegen Ende des sechsten Jahrhunderts begründet, während der leidenschaftlichen Kämpfe
der folgenden Zeit mit wechselndem Glück die aristokratische Richtung vertreten, und wenn er mit dieser zusammen
in den Verfassungsstreitigkeiten mehr und mehr zurück-
gedrängt worden war, so hatte er seine Bedeutung desto
sicherer in den wissenschaftlichen und religiösen Tendenzen
gefunden, die er mit den politischen von Anfang an vereinigte. Auch er trug ein reformatorisches Gepräge: er
wollte die Volksherrschaft durch das Uebergewicht geistiger
Einsicht, sittlicher Bildung und religiöser Gesinnung brechen.
In diesen praktischen Interessen lag die Einheit und der
äussere Zusammenhalt des Bundes, während die wissenschaftliche Schule von ihren mathematischen Anfängen aus
vermöge der Berührung mit den verschiedenen philosophischen Lehren des fünften Jahrhunderts in mancherlei
Zweige auseinander gegangen war.

Zweifellos ist Platon, als er damals die Pythagoreer
besuchte, auch ihren theoretischen Lehren und namentlich
den Gedanken des Philolaos näher getreten, dessen Werk
er für schweres Geld erworben haben soll: einen bedeut-
samen Einfluss auf sein eigenes Denken hat er ihnen freilich offenbar erst sehr viel später gegönnt. Zunächst aber
war die Verwandtschaft der politisch-religiösen Richtung
entscheidend. Hierin nun schien sich dem Philosophen
ein Feld der Wirksamkeit in Syrakus zu eröffnen.

In dieser Hauptstadt des griechischen Westens be-
hauptete schon mehr als ein Jahrzehnt lang Dionysios
unter wechselnden Geschicken die Alleinherrschaft: in der
äussern Politik gelang es ihm, sich mit den Karthagern
ebenso wie mit den griechischen Staaten abzufinden, im
Innern hielt er sich mit klugem Geschick über dem Spiel
der Parteien, und zugleich wusste er seiner Herrschaft den
Glanz künstlerischer und wissenschaftlicher Interessen zu
verleihen. Jedenfalls war er eine bedeutende, eigen-

kräftige Persönlichkeit, und es ist zu verstehen, dass Platon, der gelegentlich auch in seinen Schriften den Gedanken durchblicken lässt, die Herbeiführung des rechten Zustandes der menschlichen Gesellschaft sei schliesslich nur von einem tatkräftigen und wohlberatenen Tyrannen zu erwarten, sich der Hoffnung hingegeben hat, durch Dionys seine idealen Pläne zu verwirklichen.

Den Zugang zu ihm fand er durch die pythagoreischen Kreise, denen in der Umgebung des Fürsten dessen Schwager Dion angehörte, der Führer der aristokratischen Partei am Hofe. Mit seiner Hilfe versuchte der Philosoph auf den Tyrannen einzuwirken, der ihn anfangs freundlich aufnahm. Aber dieser Versuch, über den wir nicht genauer unterrichtet sind, nahm ein böses Ende. Platon wurde verhaftet und als Kriegsgefangener dem spartanischen Gesandten ausgeliefert. Diese Tatsache beweist, dass es sich zwischen dem Philosophen und dem Tyrannen nicht bloss um sittliche Ermahnungen des ersteren und um überdrüssiges Missfallen des letzteren gehandelt hat, wie die anekdotenhafte Ueberlieferung uns glauben machen will, sondern dass Platon in den Intriguen der Hofparteien auf Seite der aristokratischen Pythagoreer, wenn auch seinerseits mit noch so idealen Absichten, eine Rolle gespielt und sich politisch kompromittiert haben muss. Jedenfalls hat er aus der üblen Lage, als kriegsgefangener Sklave verkauft zu werden, durch freundschaftliche Verwendung — man spricht von einem kyrenaischen Philosophen namens Annikeris — befreit werden müssen.

Der Versuch praktischer Politik war gescheitert, und als Platon (etwa um 388) in seine Heimat zurückkehrte, war er von solchen Neigungen zunächst so gründlich geheilt, dass er, so lebhaft ihm das sozial-politische Ideal noch immer vorschwebte, doch seine Tätigkeit ganz auf die wissenschaftliche Lehre richtete. Damals gründete er seine Schule, die Akademie, nicht mehr als einen lockren Freundeskreis zu geselligem Umgang, sondern als einen

festen Verband zu gemeinsamer wissenschaftlicher Arbeit.
Ihre Leitung und Organisation wurde sein eigenstes Lebenswerk, und gegen diese unmittelbare Wirkung auf seine
Genossen und Schüler ist selbst seine litterarische Tätigkeit in den beiden nächsten Jahrzehnten entschieden
zurückgetreten, ja sie erscheint seiner Absicht nach prinzipiell nur als künstlerischer Nachklang zu der Arbeit und
dem Erfolge des mündlichen Verkehrs, des Unterrichts und
des gemeinsamen Forschens. In dieser Wirksamkeit von
Person zu Person hatte Platon das seinem Wesen ent-
sprechende Feld gefunden, und er hat es in der glücklichsten Weise angebaut: bis an seinen Tod ist diese Lehr-
tätigkeit der wahre Inhalt seines Lebens gewesen. Die
Schule ersetzte ihm die Familie, die er nicht gründete,
und die öffentliche Wirksamkeit, auf die er in Athen
dauernd verzichtete.

Wie tief aber trotz alledem der Trieb des politisch-
religiösen Reformatorentums in ihm wurzelte, erkennen wir
daraus, dass er mitten aus der stillen Arbeit der Wissenschaft heraus als schon betagter Mann sich in neue Abenteuer auf dem westlichen Schauplatze einliess. Er war
fast sechzig Jahre alt, als (368) Dionys starb und die
Herrschaft seinem gleichnamigen Sohne hinterliess. Sogleich hatte Dion, der Oheim des jungen Fürsten, die
Gelegenheit benutzt, um Einfluss auf die Regierung zu
gewinnen; die pythagoreische Partei in ganz Sizilien und
Unteritalien gewann neue Hoffnung und Bedeutung, und
Platon folgte der Einladung, mit seinem Rat in diese Bewegung einzugreifen. Auch scheint er auf das unselb-
ständige Gemüt des jugendlichen Herrschers einen grossen
Eindruck gemacht zu haben: denn selbst als Dion bald
darauf von der Gegenpartei verdrängt und von Dionys ver-
bannt wurde, liess dieser den Philosophen unbehelligt, aber
freilich auch erfolglos heimkehren.*)

---

*) Ueber die Einzelheiten ist auch bei der zweiten und dritten
sizilischen Reise nichts festzustellen: die allgemeinen Verhältnisse

Aber selbst diese Erfahrung schreckte Platon nicht ab, die Sache noch einmal zu versuchen. Die Akademie war mit dem pythagoreischen Bunde in immer nähere Beziehungen getreten; Dion wählte eine Zeit lang Athen zu seinem Aufenthalt, und wie er selbst, so verkehrten auch andre Pythagoreer in dem platonischen Kreise. Auf ihren Antrieb entschloss sich der Philosoph im Jahre 363 oder etwas später zu einer dritten sizilischen Reise, deren nächster Zweck die Aussöhnung von Dion und Dionys war. Allein wenn der eitle Fürst den berühmten Mann der Wissenschaft zunächst wieder mit allem Prunk aufnahm, so kam es an den politischen Fragen sehr bald zum Bruch. Diesmal geriet Platon von neuem in direkte Gefahr und entging ihr mit knapper Not durch den Einspruch der Regierung von Tarent, die unter Führung des der Akademie befreundeten Archytas in den Händen der Pythagoreer war.

Von da an scheint Platon sich aller politischen Eingriffe enthalten zu haben. Von einer Beteiligung an den Kämpfen um Syrakus, bei denen Dion zwar den Tyrannen stürzte, aber auch selbst seinen Untergang fand, ist nichts überliefert, obgleich sie noch in die Lebenszeit des Philosophen fallen. Dass er die Beziehungen, welche sich zwischen der Akademie und dem makedonischen Königshofe anknüpften, nicht ungern gesehen hat, ist zwar nur Sache der Vermutung, aber an sich nicht unglaublich: die Zerrüttung der aristokratischen Parteien musste die prinzipiellen Gegner der Demokratie schliesslich in die Arme der Monarchie treiben. Freilich ist dann auch diese

---

und Motive sind durch den 7. der sog. platonischen Briefe wohl ziemlich authentisch klargelegt. — Die antike Ueberlieferung würzt die Erzählung durch Anekdoten über das Zusammentreffen Platons mit dem sophistischen Weltmann Aristippos am Hofe des Dionys. An sich nicht unmöglich, kann es doch um so weniger für gesichert angesehen werden, als dabei nicht einmal klar wird, ob der ältere oder der jüngere Dionys gemeint ist.

ganz andre Wege gegangen, als sie die Phantasie des grossen Idealpolitikers vorgezeichnet hatte.

Im Kreise der Akademie hat Platon sein Leben geendet: geliebt und bewundert stand er inmitten der jüngeren Generation, die ihm, auch wo sie neue Richtungen des Denkens und Forschens einzuschlagen sich anschickte, den Tribut des Dankes und der Verehrung darbrachte. Es war ihm vergönnt, mit ungebrochener Rüstigkeit in Wort und Schrift bis zum Ende thätig zu sein: den Achtzigjährigen soll der Tod bei einem Hochzeitsmale sanft hinweggeführt haben (347).

Und trotzdem bleibt gegenüber dem gesamten Verlauf dieses in friedlichem Wirken auslaufenden Lebens der Eindruck bestehen, dass es dieser gewaltigen Persönlichkeit nicht zu Teil wurde, ihrem innersten Triebe genug zu tun und ihr reines Wesen auszuleben. Hohe sittliche Zwecke erfüllen seine Seele, vor ihm schwebt das Ideal einer Neugeburt seines Volkes: geläutert in der ernsten Arbeit des Denkens, drängt ihn die politische Leidenschaft zu rettender und schöpferischer Tat. Das ist der Stachel, der ihn getrieben hat sein Leben lang. Aber dieser sittlich begeisterten Schaffenslust ist die Fähigkeit des realpolitischen Gestaltens versagt — versagt nicht nur durch die Ungunst der äusseren Umstände, in denen er keine geeignete Stätte seines Wirkens finden kann, sondern versagt auch durch seine eigne Natur, durch die Mischung der Eigenschaften in seiner Individualität. Wohl ist er rücksichtslos in der Kritik und im Angriff, er besitzt die Kraft des Hasses gegen das, was er als gemein und verworfen erkannt hat, und selbst an Gewalttätigkeit fehlt es seinem Denken und Wollen nicht. Aber zu hoch liegen seine Ideale über der alltäglichen Wirklichkeit, und zu fein und vornehm ist sein Innenleben gestaltet, als dass er die realen Mächte des Lebens siegreich unter seinen Willen zu beugen verstünde: so oft er versucht, tätig zu ihnen herabzusteigen, zerschellt seine Kraft daran. Er ist ein

durch und durch politischer Denker, aber kein Staatsmann:
es erfüllt ihn die Sehnsucht nach mächtig gestaltender
Wirksamkeit, aber er ist kein Mann der Tat.

Dieser Zwiespalt seines Wesens und Lebens ist nie
völlig aufgehoben worden, obwohl er dafür die glücklichste
Lösung fand. In den lichten Höhen des Denkens waren
ihm die Ideale erstanden, die er durch politische Tat nicht
zu verwirklichen vermochte: was ihm übrig blieb, war,
durch stille Arbeit an seinen Genossen und Schülern die
Erkenntnis und die Gesinnung zu pflegen, aus der einmal
das bessere Leben der Menschheit, das er ahnte, hervor-
spriessen konnte. Und in eben dieser Arbeit des Erkennens
ebenso wie in der künstlerischen Gestaltung ihrer Ergebnisse klärte sich die Leidenschaft des Propheten zu der
heitern Ruhe des Denkers ab: sie blieb als tiefster Lebenstrieb wirksam und brach immer wieder mit vulkanischer
Gewalt durch; aber gerade in dieser Verbindung eines
kraftstrotzenden Bedürfnisses nach Handlung und Wirkung
mit der bändigenden Macht des wissenschaftlichen und
künstlerischen Geistes besteht der Reiz von Platons Persönlichkeit. Deshalb entfaltet sich ihr ganzes Wesen in
der Eigenart seines geistigen Wirkens: seine Tat ist seine
Lehre.

II. Der Lehrer.

Für die geschichtliche Auffassung erscheint Platon in erster Linie als der grosse Schriftsteller in dem Masse, dass man in dieser seiner eindrucksvollen Leistung unwillkürlich das Wesentlichste seiner Wirksamkeit zu sehen geneigt ist: aber er selbst belehrt uns darin (ausdrücklich namentlich im „Phaidros"), dass er die geschriebene Rede nur als künstlerische Nachbildung der gesprochenen gelten lassen und seine eigenste Tätigkeit in der lebendigen Wirkung der mündlichen Lehre suchen wollte.

Es wird kein Zweifel sein, dass diese Auffassung des Philosophen mit der Art zusammenhängt, die er von So- krates gelernt hatte. In der jahrelangen Verbindung mit ihm hatte Platon den Segen einer unmittelbaren geistigen Lebensgemeinschaft an sich selbst erfahren, und dem ge- reiften Schüler mochte es als beste Aufgabe erscheinen, ein Gleiches auch seinen Genossen und Jüngern zu bieten. Nicht nur um die Mitteilung und Aneignung von Ansichten und theoretischen Auffassungen handelte es sich ja dabei, sondern um die Erweckung und Bekräftigung von Ueber- zeugungen und Willensrichtungen.

Zugleich aber beruhte diese eigenartige Verkehrsweise auf einem tieferen Grunde: sie wurzelte in dem Bewusst- sein jener höheren Vernunfteinheit, die sich über dem Wechselspiel individueller Meinungen erheben sollte — in jenem wahrhaft philosophischen Triebe, der über alle ein- zelnen Meinungen und Interessen hinaus zu dem Ewigen und Wandellosen führen sollte. Was bei Sokrates ein unbefangener Ausfluss seiner genialen Natur gewesen war, das wurde bei Platon zur bewussten Lebensgestaltung; er knüpfte dieses Prinzip an die letzten Zusammenhänge seiner dadurch selbst bestimmten Weltanschauung, und er hob auf diese Weise seine eigne Tätigkeit auf eine metaphysische Höhe.

Nichts vielleicht in Platon's Darstellungen ist so echt und rein sokratisch wie seine Schilderung der weihevollen Vereinigung, welche die getrennten Menschenseelen im Erkenntnistriebe finden. Im „Phaidros", im „Symposion" hat er dies edelste Bekenntnis abgelegt. Die Verbindungen männlicher Persönlichkeiten, welche das Griechentum kannte, erscheinen hier in höchster, sublimster Vervollkommnung. Aus der Freundschaft gleichstrebender Genossen, aus der Lebensverbindung ebenbürtiger Charaktere fällt, wie es schon in dem frühen Dialog „Lysis" angebahnt war, alles Utilistische praktischer Interessen fort, die φιλία wird zu einer Wechselwirkung sittlicher und intellectueller Förderung: und von jener eigenartigen Beziehung zwischen dem reifen Manne und dem aufblühenden Jüngling, die der griechischen Sitte geläufig war, wird bei Platon wie bei Sokrates aller gemeine und sinnliche Nebengeschmack abgestreift, und es bleibt auch hier nur ein geistiges Verhältnis des Gebens und Nehmens, des Anregens und Entfaltens übrig. Durch die Gemeinschaft des Denkens und Wollens in einander die Wahrheit zu erzeugen, das ist für Platon der Inbegriff aller Freundschaft und Liebe, die Menschen mit einander verbinden soll. Aus dieser Vereinigung des Sterblichen erwächst in immer neuem Leben das Unsterbliche.

Das ist der Sinn der „platonischen Liebe", der Lehre vom ἔρως, worin sich das tiefste Motiv des Philosophen ausgesprochen hat. Wie er sie mit seinen allgemeinen metaphysischen Theorien in Einklang gebracht hat, kann erst später dargestellt werden: zunächst tritt sie uns als das Lebensprinzip entgegen, das Platon dazu führte, in der gemeinsamen Arbeit der Wissenschaft mit seinen Genossen und Schülern den höchsten Zweck und Inhalt seiner Tätigkeit zu suchen.

Wenn sich dieser hohe Sinn der wissenschaftlichen
Lebensgemeinschaft anfangs auch um Platon in der sokratischen Form freier Geselligkeit entwickelt hat, so scheint es,
dass nach der ersten sizilischen Reise der Schaffenstrieb des
Philosophen, der sich in der Politik zur Untätigkeit verurteilt sah, sich der festen Gestaltung und planvollen Leitung seiner Schule zugewendet hat. Damals gab er ihr
den äussern Halt in dem Haine Akademos, dem sie ihren
Namen verdanken sollte, und den inneren Zusammenhang
eines geordneten Lehrganges: sie wurde zu einem recht-
lich geschlossenen Verein und zu einer Kultgenossenschaft
(θίασος), für welche nach mancherlei Anzeichen der apol-
linische Kult im Mittelpunkte stand. Damals auch schrieb
er, wie wir annehmen dürfen, als eine Art von Programm
seinen „Phaidros", der die neue Schule im Gegensatz zu
den Rednerschulen als eine Pflegstätte wissenschaftlicher
Arbeit, religiöser Gesinnung und sittlich-politischer Erziehung darstellte.

Von den besonderen Einrichtungen, die Platon in der
Akademie traf, sind wir auffallend wenig unterrichtet. Die
Mittel zum Ankauf des Gymnasiums und des zugehörigen
Parks scheint er selbst aus seinem Vermögen, vielleicht
mit Unterstützung von Freunden, bestritten zu haben. Die
Zugehörigkeit der Mitglieder war an äussere Leistungen
nicht gebunden; der Unterricht war unentgeltlich. Das
schloss nicht aus, dass Einzelne dem Vereine Stiftungen
machten, und so wird sich allmählich das Vermögen an-
gesammelt haben, das der Akademie später gehörte: insbesondere sind wohl auch auf diesem Wege die Bibliothek
und die Sammlungen entstanden, welche der gelehrten
Tätigkeit der Schule schon zu Platon's Lebzeiten und namentlich in der Folge dienten.

Die Verfassung der Schule war die einer freien Kultgenossenschaft: an ihrer Spitze stand selbstverständlich, so
lange er lebte, der Stifter selbst, später ein Schulhaupt,
das nach Empfehlung des scheidenden von den Mitgliedern,

wie es scheint, auf Lebenszeit gewählt wurde. Wir besitzen die Liste dieser Scholarchen der Akademie zwar nicht lückenlos, aber doch vollständiger als für irgend eine andere Schule der antiken Philosophie bis zu der Aufhebung der Genossenschaft, welche durch ein Dekret des Kaiser Justinian, nach neunhundertjährigem Bestande, im Jahre 529 n. Chr. erfolgte.

Auch von der Art des Unterrichts in der Akademie können wir uns nur im allgemeinen eine Vorstellung machen. Zunächst hat Platon zweifellos in breitester Ausdehnung jene sokratische Methode angewandt, welche darauf hinauslief, durch fortgesetztes Fragen den Jünger an der Meinung, die er zuerst naiv geäussert, irre zu machen, ihn von der Unbegründetheit und Unsicherheit seiner mitgebrachten Ansicht gründlich zu überzeugen, zum Eingeständnis seines Nichtwissens zu zwingen und dann womöglich die Wahrheit geschickt aus ihm herauszufragen. Wenn wir nach Platon's Dialogen über seinen mündlichen Unterricht urteilen dürfen, so ist es häufig zunächst bei dem negativen Ergebnis geblieben, das den Stachel weiteren Forschens in der Seele des Schülers zurücklassen sollte: oft aber ist das katechetische Verfahren auch auf die positive Herausarbeitung der rechten Einsicht gerichtet gewesen. Als Beispiele der ersteren Art können mehrere der früheren Schriften des Philosophen gelten, insbesondere der „Lysis" und am meisten der „Protagoras". Von der positiven Kraft der sokratischen Methode mag als glänzendstes Zeugnis die Stelle im „Menon" erwähnt werden, wo von der Aufgabe her, die Seite des Quadrats zu finden, welches doppelt so gross sein soll als ein gegebenes, aus einem jungen Sklaven der pythagoreische Lehrsatz herausgefragt wird.

Je grösser aber die Anzahl der Schüler und je reifer und selbständiger die Zuhörer wurden, um so weniger konnte es Platon vermeiden, zu der Lehrform zusammenhangender Vorträge und, wie wir heute sagen würden,

eigentlicher Vorlesungen, überzugehen. Dass dies, namentlich in seinem Alter, geschehen ist, geht daraus hervor,
dass einige dieser Vorlesungen von Aristoteles und andern
Schülern herausgegeben wurden, und in Platon's eigner
Schriftstellertätigkeit wird es dadurch angedeutet, dass die
spätesten Dialoge wie „Timaios" und die „Gesetze" in der
Hauptsache fortlaufende Vorträge darstellen, denen gegenüber der Dialog auf eine schematische, minimale Bedeutung
herabgesetzt erscheint.

Doch lässt sich sehr wohl denken, dass diese verschiedenen Lehrarten in der Akademie neben einander bestanden, die eine mehr für den elementaren, die andere
für den höheren Unterricht.   Denn die Mitglieder der
Schule sind offenbar sehr verschiedenen Alters und ebenso
verschiedener intellectueller Entwicklung gewesen.

Manche sind, wie wir es z. B. von Aristoteles wissen,
bei noch sehr jungen Jahren in die Akademie eingetreten.
Für solche mochten zunächst die logischen Uebungen nach
sokratischer Methode eingerichtet sein.   Es galt, Begriffe
zu bestimmen, zu unterscheiden, einzuteilen, Begriffsverhält-
nisse festzustellen.   Die unter Platon's Namen erhaltenen
Definitionen und Diäresen deuten auf solchen Schulbetrieb
hin.   Fast als pedantische Karikatur dieser Art von dialektischen Uebungen erscheinen die dichotomischen Ketten,
vermöge deren die Begriffe des „Sophisten" und des
„Staatsmannes" in den gleichnamigen Dialogen gesucht
werden.   Auch die Komiker Athens haben sich, wie es
scheint, eine Persiflage dieser in der Akademie üblichen
Definiererei nicht entgehen lassen.

Anders stand es mit den älteren Männern, welche der
Akademie dauernd oder vorübergehend angehörten. Unter
den letzteren führt die Ueberlieferung eine bemerkenswerte
Anzahl von Persönlichkeiten auf, die als Tyrannen oder
aristokratische Tyrannengegner, als Gesetzgeber ihrer Städte
oder wirksame Parteiführer eine politische Rolle gespielt
haben, und wenn auch viele dieser Angaben erfunden sein

mögen, so ist doch im Ganzen kein Zweifel darüber, dass
Platon's Verein, namentlich solange er selbst an der Spitze
stand, eine ausgesprochene politische Tendenz hatte und
als intellectueller Mittelpunkt für alle Gegner der Demokratie gelten mochte: er wahrte diese Stellung gerade
dadurch, dass er sich in Athen selbst aller Beteiligung an
der praktischen Politik prinzipiell enthielt.

Mit solchen Freunden hat man nun in der Akademie
offenbar weniger wissenschaftliche als sozial-politische Fragen
erörtert, und sie haben zum grossen Teil an den philosophischen Bestrebungen der Genossenschaft nur so weit
Anteil gehabt, als sie selbst sich einige Bildung zu erwerben und damit einen Nimbus für ihre politische Stellung
zu gewinnen wünschten.

In vorübergehendem, aber deshalb auch vermutlich
loserem Verkehr mit der Akademie finden wir ferner auch
Gelehrte, die schon sonst eine eigne und angesehene Bedeutung hatten. Zu ihnen dürfen wir besonders den Pythagoreer Archytas und den Astronomen Eudoxos, auch wohl
den Polyhistor Herakleides Pontikos rechnen. Sie können
nicht eigentlich als Schüler Platon's bezeichnet werden,
und, wenn sie sich in ihren Lehren vielfach mit ihm be-
rührten, ja sogar ihrerseits, wie es bei Eudoxos unzweifel-
haft ist, in einzelnen Fragen auf ihn einwirkten, so gingen
sie andrerseits auch ihre eigenen Wege.

Daneben hatte die Akademie ihren dauernden Bestand
von Mitgliedern, und es machte sich mit der Zeit von
selbst, dass die älteren und reiferen von ihnen den Unterricht der zahlreicher zuströmenden Jugend zum Teil übernahmen und bei Platon's Oberleitung je nach Neigung
und Fähigkeit der einzelnen unter sich teilten. Zu solchen
Männern, die in der Akademie selbst aus Schülern zu
Lehrern heranwuchsen, gehörten in erster Linie Speusippos,
der Neffe des Philosophen, und Xenokrates von Chalke-
don, die nach Platon's Tode hintereinander das Amt des
Scholarchen bekleideten; dazu gehörte wohl auch Menede-

mos aus Pyrrha, Philippos von Opus und ganz besonders
Aristoteles. Dieser hat der Akademie zwei Jahrzehnte lang
angehört: von ihr aus begann er seine schriftstellerische
Laufbahn, worin er sich anfangs nach Form und Inhalt
durchaus an Platon lehnte; in ihrem Rahmen hat er noch
zu dessen Lebzeiten nicht nur rhetorische, sondern auch
andere wissenschaftliche Vorträge gehalten.

Es wäre natürlich, wenn bei solcher Ausdehnung des
Betriebes es zwischen den selbständiger werdenden Lehrern
der Akademie gelegentlich zu Reibungen gekommen
wäre, und es ist wohl glaublich, dass Platon bei der Rückkehr von der dritten sizilischen Reise Misshelligkeiten aus-
zugleichen hatte, die inzwischen unter seinen Stellvertretern
ausgebrochen waren. Das Nähere jedoch, was darüber
berichtet wird, ist ebenso ungewiss, wie die gehässigen
Erzählungen, die im Altertum über Zwistigkeiten zwischen
Platon und Aristoteles verbreitet waren. Gerade des letzteren Schriften liefern den Beweis, dass selbst dauernde
und tiefgehende Abweichungen von der Lehre des Meisters
mit der Pietät des grossen Schülers vereinbar blieben.

Freilich ist nicht zu verkennen, dass Platon selbst mit
der ganzen Wucht seiner Persönlichkeit und der Autorität
des Schulhauptes für die Einheit und Reinheit der Lehre
in seiner Akademie eingetreten sein wird. Ihm war es damit heiliger Ernst: es war ihm nicht um Ansichten, sondern
um Ueberzeugungen zu tun. Seine Schriften zeigen, dass
er schon früh zu den Eiferern gehörte, die geneigt sind,
den Gegensatz der Meinungen in denjenigen sittlicher
Richtungen umzudeuten und im Gegner den ethischen Wider-
sacher zu wittern: war er doch davon durchdrungen, dass
die rechte Einsicht notwendig mit dem rechten Wollen
verbunden sei, und dass in der Unwissenheit auch das
Böse wurzele. Da ist es wohl zu verstehen, dass diese
Art im Alter noch schroffer zu Tage trat und dass es ihm
schwer werden mochte, Widerspruch zu ertragen. Wie er
in solchem Falle zürnen und wettern konnte, das sehen

wir aus dem zehnten Buch der „Gesetze" an der Abkanz-
lung eines jungen Atheisten. Es ist das reizvollste und
charakteristischste Stück des greisen Lehrers: in unvergleichlicher Eigenart verbindet sich hier das immer noch lodernde
Feuer der Jugend mit der Härte des Mannes und der
Ueberlegenheit des Alters. Wir glauben gern, dass, der
das schrieb, stramme Ordnung hielt bis an's Ende.

Wie weit nun Platon den Unterricht sachlich gliederte
und organisierte, ist uns nicht bekannt. In seinen Schriften
bietet er mehrfach einen pädagogischen Aufbau der Diszi-
plinen, und charakteristisch ist dabei der propädeutische
Wert, welcher der Mathematik für die eigentliche Philosophie beigelegt wird. Wir werden mit der Annahme nicht
fehlgehen, dass die Ordnung des Studiums in der Akademie
einen ähnlichen Gang einhielt.

Dabei wird es durch die Reihenfolge der platonischen
Schriften und das Verhältnis der Schüler zum Meister
wahrscheinlich, dass Studium und Unterricht in der Akademie mit der Zeit immer mehr einen gelehrten Charakter
angenommen haben, von den dialektischen Uebungen und
den ethisch-politischen Reflexionen zu naturwissenschaftlichen und historischen Untersuchungen fortgeschritten sind
und sich so über den ganzen Umfang auch der besonderen
Wissenschaften ausgebreitet haben. Dies brachte offenbar
schon das Bedürfnis der zahlreichen, von verschiedenen
Anlagen und Interessen herkommenden Mitglieder der Schule
mit sich.

Wie weit es dabei Platon selbst zu einer systematischen
Einteilung, Scheidung und Anordnung der Wissenschaften
gebracht hat, wissen wir nicht. Ansätze dazu zeigen sich
in den Schriften gelegentlich; aber vielleicht ist die strenge
Sonderung der Gegenstände erst ein Werk des Aristoteles
und von der Akademie später aus dessen selbständiger
Schule, dem Lyceum, übernommen worden. Zwar soll von
den Akademikern die Philosophie in Dialektik, Physik
und Ethik (wir würden heute etwa sagen in Logik, Meta-

physik und praktische Philosophie) eingeteilt worden sein:
aber diese Gliederung wird von Platon selbst niemals ausgesprochen, und auf seine eigne Lehre kann sie nur hinter-
her angewendet werden.

Wollten wir überhaupt nur nach Platon's Werken
gehen, so könnte es scheinen, als ob es mit einer metho-
dischen Gliederung und Anordnung der Unterrichtsgegen-
stände bei ihm noch nicht allzu weit gekommen wäre; und
jedenfalls ist ihm darin Aristoteles sehr überlegen gewesen.
Dessen Lehrschriften, wie sie uns erhalten sind, beruhen
auf einer strengen systematischen Einteilung der Wissenschaften und halten diese durchgängig ein. Bei Platon
dagegen verweben sich in der weitaus grössten Anzahl der
Dialoge die verschiedenen Probleme und Motive mit so
phantasievoller Lebendigkeit, dass sich an die ursprüngliche
Frage Untersuchungen aus den mannigfachsten Regionen
anschliessen. Die Zuteilung zu einem bestimmten Gebiet
ist bei einigen Dialogen nach dem Vorwiegen des einen
oder des anderen Interesses möglich, bei wenigen eindeutig
bestimmt, bei anderen dagegen fast unmöglich. Diese freie
Verschürzung der Gedankengänge braucht aber darum noch
nicht der akademischen Lehre eigen gewesen zu sein:
denn sie hängt wesentlich von dem künstlerischen Charakter
des litterarischen Schaffens bei Platon ab.

III. Der Schriftsteller.

Wenn es schon eine in der Geschichte seltene Erscheinung ist, dass ein Mann von so ausgesprochener politisch-sozialer und religiöser Parteirichtung, wie es Platon sein Leben lang war, zugleich auf den reinen Höhen wissenschaftlicher Forschung und Lehre heimisch ist und eine schöpferische Energie in der abstracten Arbeit der Begriffe entfaltet, so ist es um so bewunderungswürdiger, dass es demselben Manne gegeben war, diesen Inhalt seines Wollens und Denkens in künstlerisch vollendeter Form zu gestalten. Dies aber ist tatsächlich der intimste Sinn seiner Schriften. Sie sind Erzeugnisse der dichterischen Phantasie, in denen die politisch-religiösen Ideale und die wissenschaftlichen Gedanken zu lebendigen Gestalten geformt sind und uns in höherer, verklärter Wirklichkeit entgegentreten.

Darum zeigen Platon's Werke, seiner wunderbaren Individualität entsprechend, eine in der Litteraturgeschichte niemals wiederholte Vereinigung sonst einander ausschliessender Merkmale. Sie sind — als Ganzes betrachtet — auf der einen Seite Tendenzschriften im höchsten Sinne des Worts, sie wollen für eine neue Lebensansicht und Lebensrichtung begeistern; sie sind auf der andern Seite wissenschaftliche Untersuchungen ersten Ranges, sie behandeln die tiefsten Probleme der Welterkenntnis in scharf geschliffenen Begriffsentwicklungen: und sie sind zugleich Kunstwerke von unvergleichlicher Schönheit, Dichtungen von bezauberndem Reiz der sprachlichen Form und der inneren Composition. Platon hat hierin das Höchste erreicht: die praktische und die theoretische Seite seines Wesens vereinigen sich in aesthetischer Vollendung. Im Künstler versöhnen sich der Reformator und der Denker.

In diesem Sinne bilden seine Werke einen der höchsten Typen menschlicher Vernunftbetätigung. Bei der Mehrzahl der grossen Philosophen bewundern wir, wie an Aristoteles, Spinoza, Hume, Kant, Hegel, in der Hauptsache den wissenschaftlichen Geist, — bei einigen, wie bei Fichte und Comte, verknüpft er sich mit dem Pathos des Prophetentums, — bei andern, wie bei Descartes, Schelling und Schopenhauer, mit der künstlerischen Schönheit der Darstellung: die Vereinigung aller drei Momente ist das Einzigartige an Platon.

Die ideale Höhe dieser Selbstentfaltung erreicht Platon in seinen reifsten Werken, insbesondere der „Politeia"; in den übrigen überwiegt je nach ihrem Anlass und ihrem Zweck das eine oder das andere jener Momente; aber die Gesamtheit seiner schriftstellerischen Leistung macht wieder den Eindruck ihrer vollkommnen Ausgleichung.

Das ist auch der Grund dafür gewesen, dass, als die historische Forschung den Werken Platon's sich genauer zuwendete, zunächst die Ansicht entstand, die Gesamtheit seiner Schriften müsse als ein nach einheitlichem Plane entworfenes und ausgeführtes Ganzes betrachtet werden — sei es nun, dass man als dessen systematischen Gesamtzweck die didaktisch geordnete Entwicklung des in den Grundzügen von Anfang an fertigen Systems der Philosophie (wie Schleiermacher) oder die allseitig sich abrundende Schilderung des Sokrates (wie Munk u. A.) ansah.

Für solche einheitliche Auffassung scheint zunächst die gleichmässige Form dieser Schriften zu sprechen. Sie sind, mit Ausnahme der „Apologie", bei der es sich von selbst verbot, sämtlich Dialoge. Aber diese Darstellungsweise gehört durchaus nicht Platon allein; sie ist eine weit verbreitete Kunstform gewesen, und wir dürfen nicht einmal Platon als ihren Urheber betrachten. Insbesondere ist sie dem gesamten Umkreise der durch Sokrates bestimmten Litteratur umsomehr eigen gewesen, als man sich

dadurch unmittelbar an die dem attischen Weisen geschichtlich eigentümliche Art des Wirkens und Denkens anschloss.

Damit hängt es denn auch zusammen, dass in den
platonischen Dialogen fast durchgängig Sokrates die Haupt-
figur ist, der die Leitung des Gesprächs zufällt und die
wesentlichen Ergebnisse in den Mund gelegt werden. Doch
ist, wie die Bedeutung der dialogischen Form, so auch die
Stellung des Sokrates keineswegs überall die gleiche. In
dem letzten Werke Platons, den „Gesetzen", fehlt Sokrates
ganz; aber schon in den beiden vorhergehenden Schriften
tritt er nur in der Einleitung auf, um die Vorträge von
„Timaios" und „Kritias" zu veranlassen. Selbst unter den
früheren Dialogen finden wir im „Protagoras" einen, worin
Bedeutung, Licht und Schatten zwischen Sokrates und
seinem Gegner ziemlich gleich verteilt sind. Auch wäre
es immerhin sonderbar anzunehmen, dass, wenn das „litterarische Portrait" des Sokrates der Hauptzweck von Platons
Werken gewesen wäre, er jenem gerade dafür alle die
Lehren untergeschoben hätte, von denen wir wissen und
die Zeitgenossen noch viel sicherer wissen mussten, dass
sie eben nicht sokratischen, sondern platonischen Ursprungs
waren. Sehr viel wahrscheinlicher ist es, dass Platon, wie
es auch Andere, z. B. Xenophon taten, durch die Stellung,
welche er in seinen Dialogen dem grossen Meister ein-
räumte, in der Hauptsache nur zum Ausdruck bringen
wollte, dass er sich für dessen wahren Schüler und seine
Lehre für die rechte Ausführung von dessen Absichten
hielt. Seine Behandlung des Sokrates ist im Ganzen,
schriftstellerisch betrachtet, nicht Zweck, sondern Mittel.
Gewiss ist im einzelnen das Motiv, die Persönlichkeit des
verehrten Lehrers in ihrer reinen, edlen Hoheit zu schildern und von Entstellungen zu reinigen, für Platon massgebend gewesen, und gerade darin zeigt sich die Treue
des Jüngers, dass dies nicht bloss in den frühen apologetischen Schriften, sondern im vollsten Masse noch in
den durch Jahrzehnte davon getrennten gewaltigsten Werken

wie „Symposion" und „Phaidon" zu Tage tritt; aber selbst
in diesen verknüpft sich die warme Darstellung der Persönlichkeit des Sokrates mit der Entwicklung von Lehren,
in denen Platon weit über ihn hinausgeht. Das letzte
Interesse ist auch hier nicht das persönliche, sondern das
sachliche: die Meisterschaft des Schriftstellers besteht nur
darin, die Person als die vollendete Verkörperung der
Lehre erscheinen zu lassen.

Was nun diese sachliche Einheit der platonischen
Schriften anlangt, so ist es freilich keine Frage, dass hier
die „Ideenlehre" den Mittelpunkt bildet: auf sie leiten die
einen Dialoge mit geringerer oder grösserer Annäherung
hin; sie wird in anderen dargestellt und begründet, in
noch anderen ausgebreitet und angewendet. Dabei erscheinen an einigen Stellen Verheissungen, die später
erfüllt, zum Teil freilich auch nicht erfüllt werden; und
andererseits Andeutungen, die nur als Rückweise auf frühere
Darstellungen aufzufassen sind. Allein daraus zu schliessen,
dass alle diese Schriften von vornherein einheitlich geplant
gewesen seien, würde zu sehr künstlichen und unwahr-
scheinlichen Annahmen nötigen. Platons litterarische
Tätigkeit hat, wenn nicht schon zu Sokrates' Lebzeiten,
so jedenfalls sehr bald nach dessen Tode begonnen und
bis an sein Ende gedauert, sich also über volle fünfzig
Jahre erstreckt. Es ist ebenso schwer sich vorzustellen,
dass der junge Philosoph schon vor dem dreissigsten Jahre,
als er noch ganz unter dem Eindruck des Sokrates stand,
mit den Grundgedanken seines eignen Systems fertig gewesen wäre, wie dass er ein halbes Jahrhundert lang daran
nichts Wesentliches geändert hätte. In der Tat aber zeigt
sich bei eingehender Untersuchung, dass seine Schriften
auch in den wichtigsten Punkten tiefgehende Differenzen
der Auffassung enthalten, die keineswegs nur aus Unterschieden der Stimmung und der Darstellungsweise erklärt
werden können.

Sehr viel natürlicher ist deshalb die seit K. F. Hermann und Grote zur Geltung gekommene Ansicht, dass die Schriften Platons die Dokumente seiner eignen geistigen Entwicklung sind und ihr Zusammenhang nicht systematisch-didaktischer, sondern historischer Natur ist. Wenn danach jeder einzelne Dialog als für sich gedachtes Kunstwerk und als Ausdruck des bei seinem Entwurf erreichten Erkenntnisstandes des Philosophen selbst anzusehen ist, so schliesst das nicht aus, dass in einzelnen Fällen mehrere zeitlich einander nahe liegende Schriften einen engeren Zusammenhang haben und dass andererseits jene Beziehungen des Vor- und Rückverweisens zwischen ihnen bestehen, die oben erwähnt wurden.

Nur diese historische Auffassung aber wird auch dem künstlerischen Charakter der Werke gerecht. Nicht in einem künstlichen Gesamtaufbau ist er zu suchen, sondern in der lebensfrischen Gestaltung des Einzelnen. Darin dürfen wir in der Tat Platon beim Wort nehmen: seine geschriebene Rede ist die ästhetische Nachbildung der wirklichen Rede. In seinen Dialogen haben wir die poëtische Wiederholung wissenschaftlicher Erlebnisse zu sehen: es sind die gedanklichen Arbeiten der Akademie, seine Erfahrungen mit seinen Genossen und Schülern, deren bleibenden Gehalt er zu leuchtenden Gestalten hat krystallisieren lassen. Als echter Künstler hat er das, was ihn im tiefsten bewegte, aus sich heraus zur festen Erscheinung gebracht und damit von sich abgelöst. So sind seine Werke seine Bekenntnisse geworden.

Wir verstehen sie am besten, wenn wir annehmen, dass der künstlerische Gestaltungstrieb zu seiner Entladung jedesmal durch einen besonderen Reiz entbunden wurde. Solche Anlässe mögen zum Teil in litterarischen Erscheinungen, zum Teil in eindrucksvollen und tiefer gehenden Verhandlungen bestanden haben, die persönlich, mündlich in der Akademie geführt wurden. Manche der Dialoge sind offenbar, sei es im Ganzen, sei es in einzelnen Stücken, durch den Widerspruch gegen die Bücher von Gegnern,

Zeitgenossen oder auch Vorfahren hervorgerufen: sie sind
Bestandteile von „litterarischen Fehden“, die in dieser ästhetisch abgeklärten Form ausgefochten wurden und doch hie
und da den Erdgeruch wissenschaftlicher, religiöser und
ethischer Streitigkeiten kräftig durchmerken lassen. Das
trifft hauptsächlich für die Jugendschriften, gelegentlich
auch wohl für die späteren zu. Bei den letzteren bemerken
wir öfter eine andere Art von Anlässen: sie lassen den
Prozess der Assimilation erkennen, in welchem die Akademie den ursprünglichen Entwurf der Ideenlehre durch Aufnahme älterer metaphysischer Prinzipien oder neuerer
Forschungen modifizierte: so wird zu den Lehren des Anaxagoras und der Pythagoreer, so zu der gleichzeitigen
Naturforschung, zu den Theorien der sog. jüngeren Physiologen und insbesondere zu dem grossen Systeme Demokrits
mit der Zeit Stellung genommen. So werden endlich die
Schwierigkeiten erörtert, die sich in der eignen Lehre
herausstellen und die Anhängerschaft nach getrennten
Richtungen auseinander zu treiben drohen.

Dies Alles aber geschieht bei Platon nicht in der
Form nüchterner Untersuchung, tatsächlicher Bezeichnung
und unumwundener Darstellung, wie wir sie seit Aristoteles
als wissenschaftlich kennen und verlangen, sondern vielmehr in der künstlerischen Gestalt idealisierender Dichtung.
Durch das einfachste Mittel wird hier der grösste Erfolg
erzielt. Platon verlegt, was er an geistiger Entwicklung
erlebt, in die Zeit und den Kreis des Sokrates zurück;
der Kampf, den er selbst führt, die Arbeit, die er selbst
mit den Seinen leistet, erscheinen in den Dialogen als
Vorgänge zwischen Sokrates und dessen Genossen: sie
streifen dadurch das Aktuelle ihrer empirischen Bestimmtheit ab und gewinnen allgemeine, typische Bedeutung.

Deshalb darf man die Berichte der platonischen Dialoge weder als Erzählungen wirklicher Begebenheiten noch
als völlig freie Erfindungen ansehen. Sie sind ein charakteristisches Beispiel jener Mischung von Wirklichkeit und

Phantasie, von Erlebnis und Mythos, welche allem griechischen Fabulieren anhaftet. Das betrifft vor Allem die Scenen, die den einzelnen Dialogen zu Grunde liegen. Sie sind historisch möglich, aber wir haben keinen Grund, sie für historisch wirklich zu halten. Wenn z. B. eine Begegnung zwischen dem greisen Parmenides und dem noch ganz jungen Sokrates konstruiert wird, so widerspricht das nicht den sonst bekannten chronologischen Daten, aber es ist ebensowenig als historische Thatsache irgendwie sonst bekannt. Gelegentlich scheint sogar Platon auch vor Anachronismen nicht zurückgeschreckt zu sein; offenbar galt ihm die Korrektheit der historischen Verhältnisse geringer als die Wahrheit der gedanklichen Beziehungen. Daher muss man mit der empirischen Deutung seiner Angaben äusserst vorsichtig sein. Wenn er — um an ein bekanntes Beispiel zu erinnern — im „Phaidon" den Sokrates erzählen lässt, wie er das Werk des Anaxagoras kennen gelernt, zum Teil gebilligt und zum Teil für unzulänglich befunden habe, so ist das weder ein Bericht über die Entwicklung des Sokrates noch Platon's selbst noch etwa der griechischen Philosophie überhaupt, sondern eine Darstellung der Motive, aus denen und der Grenzen, in denen das teleologische Prinzip des Anaxagoras der Ideenlehre eingefügt werden sollte.

Der scenische Hintergrund der Dialoge ist von sehr verschiedener Anschaulichkeit. Im „Protagoras", im „Symposion", im „Phaidon" erreicht er den höchsten Grad plastischer Lebendigkeit: eine bewegte, dramatisch zugespitzte Handlung spielt sich zwischen fein und scharf charakterisierten Persönlichkeiten ab. In andern Werken ist der Dialog, wie im „Theaetet" und „Philebos" zu schematischer Einförmigkeit herabgedrückt: und zwischen diesen Gegensätzen breiten sich mannigfache Abstufungen aus. Sie hängen offenbar mehr von dem Inhalt und Zweck der einzelnen Schriften, als von der Abfassungszeit ab. „Protagoras" und „Phaidon" sind durch Jahrzehnte getrennt, und

während einige der frühesten Dialoge nur einen dünnen
scenischen Rahmen haben, wie etwa der „Euthyphron", fehlt
es selbst dem Werk des Alters, den „Gesetzen", nicht an
einer gewissen Anmut der äusseren Einkleidung.

Ein besonderer Kunstgriff Platon's besteht darin, dass
er häufig den eigentlichen Dialog, worin sich der Gedanke
entwickelt, in einen andern Dialog einschachtelt, oder
einem der Redenden den Bericht über eine andere Unter-
redung in den Mund legt: so hat er mit dem Ineinander-
greifen der Dialoge im „Phaidon", mit der Erzählung des
Sokrates von dem Gespräch mit Diotima im „Symposion"
die feinsten Erfolge erzielt.

Das Hauptmittel aber für die Charakteristik der Menschen, der Verhältnisse und der Gedanken ist bei Platon
seine unvergleichliche Herrschaft über die Sprache. Er
gebietet mit freier Gewalt über alle Register des Ausdrucks: von der sublimsten Feinheit des abstracten Gedankens bis zu der robusten Derbheit der sinnlichen Leidenschaft, von dem hochfliegenden Ethos und Pathos be-
geisterter Hingebung und rücksichtsloser Beurteilung bis
zur spottenden Ironie und zur geisselnden Satire, von der
idealen Höhe bis in die Tiefen alltäglicher Bedürfnisse
weiss er jeder Regung der Menschenseele den bezeich-
nenden Ausdruck zu geben. Am liebsten charakterisiert
er die Figuren seiner Dialoge durch die bald typische,
bald individuelle Art wie sie sprechen, und im „Symposion"
hat er diese Kunst auf das höchste gesteigert. Freilich
müssen wir sie in dieser Hinsicht oft mehr ahnen und
fühlen, als wir sie verstehen. Denn offenbar ist seine
Darstellung mit zahlreichen Anspielungen entweder auf
die seinen Zeitgenossen noch bekannten Personen und Verhältnisse in der Scenerie der Dialoge, oder auf die Menschen und Beziehungen seiner Umgebung durchsetzt, die
er unter der Hülle jener zur Darstellung brachte. Darin
bestand für seine Leser eine Würze seiner Schriften, die
uns zum grossen Teil verloren gegangen ist.

Um alle diese Charakteristik des Einzelnen aber
schlingt sich der Zauber feinster geistiger Geselligkeit:
den Grundton der Gespräche bildet eine ideale Urbanität,
welche auch die schärfsten Gegensätze zu gefälliger Lie-
benswürdigkeit mildert. Mit wunderbarer Idealisierung der
wirklichen Unterhaltungsform fliessen Rede und Gegenrede
dahin; freie und kühne sprachliche Wendungen, lose An-
knüpfungen und überraschende Übergänge werden nicht
vermieden; sorglos wird der begonnene Satzbau durch die
Lebhaftigkeit des neuen Einfalls unterbrochen. Und dann
wieder erhebt sich die Darstellung zur geschlossensten
Form: in schönem Ebenmass formt sich der fest gestaltete
Gedanke, und mit wuchtiger Gewalt rauscht der Ausdruck
weihevoller Überzeugung dahin; alles Widerstrebende reisst
er nieder, um schliesslich den Sturm der Gedanken zur
heitern Ruhe der Anschauung zu verklären.

Dieser Zauber von Platon's Sprache ist nicht zu be-
schreiben: er muss genossen werden. Er ist die krystallene
Form für den höchsten Inhalt, — „der Dichtung Schleier
aus der Hand der Wahrheit".

———

Die historische Auffassung der Schriften Platon's würde
sich von selbst verstehen, wenn wir über die Abfassungszeit der einzelnen und damit über ihre chronologische
Reihenfolge eine auch nur annähernd sichre, quellenmässige
Kenntnis besässen. Das ist jedoch ebensowenig der Fall,
wie wir über die Echtheit der unter seinem Namen überlieferten Werke zu zweifelloser Sicherheit gelangen können.
In beiden Richtungen bleiben wir trotz aller Mühe der
darauf seit langem gerichteten Untersuchung voraussicht-
lich für immer auf Vermutungen angewiesen, zwischen
denen nur ein verhältnismässig nicht grosser Umfang ge-
sicherter Einsicht feststeht. Der Leichtgläubigkeit, mit
der man früher der Tradition vertraute, ist in unserm
Jahrhundert mit der gerechten Vorsicht auch übertriebner

Zweifel gefolgt, und erst allmählich findet die Forschung zwischen beiden Extremen den rechten Weg.

Wir haben keinen Anlass anzunehmen, dass uns etwas Erhebliches aus Platon's litterarischer Tätigkeit verloren gegangen sei, wie das in so beklagenswertem Umfange bei Demokrit und auch bei Aristoteles der Fall ist: aber es liegt auch ebenso auf der Hand, dass in die von antiken Herausgebern sehr oberflächlich angeordnete Sammlung der platonischen Schriften vieles offenbar Unechte, darunter unbedeutende Schülerarbeiten und sogar gegnerische Versuche, sich eingeschlichen haben. Die antike Überlieferung hatte eben kein kritisches Gewissen. Dagegen besitzen wir zunächst in den Zitaten des Aristoteles einen Kanon für die Feststellung einer Anzahl von Dialogen, die entweder völlig sicher oder mit höchster Wahrscheinlichkeit als echt platonisch angesehen werden dürfen, und von diesem Grundstock aus muss dann wesentlich aus sachlichen Argumenten über die Ansprüche der andern entschieden werden.

Noch bedenklicher ist die Frage nach der Reihenfolge und Entstehungszeit der einzelnen Dialoge. Die äusseren Anzeichen, d. h. die in ihnen vorkommenden Erwähnungen historischer Ereignisse oder Zustände, deren Zeit sonst feststeht, erlauben in keinem Falle eine eindeutige Datierung, und wenn sie wenigstens in vielen Fällen den Zeitpunkt festzulegen scheinen, vor dem die sie erwähnende Schrift nicht entstanden sein kann, so wird auch dies Kriterium dadurch schwankend, dass Anzeichen vorliegen, wonach in der Weise, wie es bei der „Politeia" sicher angenommen werden muss, vielleicht auch andre Dialoge erst durch eine Überarbeitung (wir würden jetzt sagen, eine zweite Auflage) die Gestalt erhalten haben, in der sie uns vorliegen. Bei dieser Unzuverlässigkeit der äusseren Kriterien befinden wir uns in der schwierigen Lage, dass wir in der Feststellung der Reihenfolge der Schriften wesentlich auf die innere Entwicklung des Philosophen und auf den Zusammenhang seiner Lehre angewiesen sind, und dass wir andrerseits diese Entwicklung des Philosophen und seiner Lehre nur aus eben diesen Schriften kennen. Es kommt deshalb darauf an, von den bekannten Voraussetzungen des platonischen Philosophierens im Hinblick auf seine historischen Ergebnisse den Entwicklungsgang des Philosophen und damit die Reihenfolge der Schriften, worin dieser niedergelegt ist, aus inneren Gründen zu rekonstruieren. Wir bleiben damit auf den hypothetischen Versuch beschränkt, diesen Prozess mit Hilfe der Quellen nachzuerleben.

Wenig Förderung scheint dabei von dem neuesten Auswege zu erwarten, den die gelehrte Behandlung der Frage eingeschlagen hat. Es wird versucht, durch genaue Beobachtung und statistische Zusammenstellung gewisser sprachlicher Eigentümlichkeiten Kriterien für die frühere oder spätere Abfassung der einzelnen Schriften, bezw. ihrer Teile, wie bei der „Politeia", zu gewinnen. Die Anwendung einzelner Partikeln, die Formeln der Antwort, die Art des Zustimmens im Bejahen und Verneinen wurden zunächst in's Auge gefasst. Aber auch hierbei zeigt sich, dass die sprachliche Aeusserlichkeit niemals für sich allein, sondern immer nur im Zusammenhange mit dem gedanklichen Inhalt der Dialoge und besonders mit der Eigenart der durch den Ausdruck selbst vom Verfasser charakterisierten Figuren in Betracht zu ziehen ist: und als Ertrag dieser weitschichtigen Untersuchungen ist bisher höchstens die Bestätigung für einige chronologische Verhältnisse der Werke anzusehen, über die man schon vorher aus sachlichen Gründen nicht im Zweifel war.

Nach dem bisherigen Stande der Forschung ordnen sich die Werke, mit Ausschluss des sicher Unechten, am Wahrscheinlichsten etwa in folgenden Gruppen an:

1. Die Jugendschriften.

Man hat sie auch wohl als sokratisch bezeichnet, weil ihr Inhalt, soviel wir beurteilen können, der Auf-

fassung des Sokrates durchaus entspricht und sie nicht in
merklicher Weise überschreitet. Es sind Untersuchungen
über verschiedene Tugendbegriffe, die alle darauf hinaus-
laufen, dass jede Tugend schliesslich im Wissen liegt. So
handelt „Laches" von der Tapferkeit, „Charmides"
von der Besonnenheit, „Euthyphron" von der Frömmigkeit; so wird im „Hippias minor" das Problem vom
Wertunterschiede zwischen wissentlichem und unwissent-
lichem Recht- oder Unrechttun erörtert, das im „Protagoras"
in weiteren Dimensionen wieder aufgenommen wird; so vertieft
der reizvollste dieser frühen Dialoge, der mit anziehender
Scenerie und vielen feinen Zügen ausgestattete „Lysis" die
Verhältnisse der Liebe und Freundschaft zu geistig-sittlicher
Lebensgemeinschaft. Zweifelhaft ist darunter die Echtheit
der „Hippias", unwahrscheinlich die des Alkibiades I.

Ob einzelne dieser Dialoge, wie die antike Tradition
will, schon zu Sokrates' Lebzeiten geschrieben sind, mag
dahingestellt bleiben; es ist nicht unmöglich, aber vielleicht
eher zu bezweifeln als zu glauben. Der Annahme, dass
der Aufenthalt in Megara diese Erstlingsfrüchte gezeitigt
habe, steht prinzipiell nichts im Wege; viel später wird
man diese Arbeiten jedenfalls nicht setzen dürfen.

Zu ihnen sind endlich auch die „Apologie des Sokrates" und der „Kriton" zu rechnen; sei es nun, dass
sie gleich nach dem Tode des Weisen oder später, vielleicht sogar erst bei der Rückkehr Platon's nach Athen,
geschrieben sind, wo der litterarische Streit um Sokrates
und seine Verurteilung hohe Wellen schlug. Jedenfalls
sind sie rein sokratischen Geistes, wenn man auch weder
für die beiden Reden, die Sokrates im Prozess gehalten
haben soll, noch für die Verhandlungen mit Kriton im
Gefängnis wörtliche Wahrheit in Anspruch nehmen wird.
In der „Apologie" erscheint Sokrates mit dem unerschrockenen Bewusstsein der Unschuld und dem guten Gewissen
eines dem wahren Wohl der Mitbürger gewidmeten Lebens,
aber auch nicht ohne Anflug doctrinären Tugendstolzes:

im „Kriton" weist er mit unerschütterlicher Gesetzestreue und überzeugender Hoheit den Fluchtversuch, zu dem ihm Freunde die Hand bieten, von sich. Vielleicht gehört in diesen apologetischen Zusammenhang auch der erwähnte „Euthyphron", der den wegen Asebie Verurteilten als den Lehrer der wahren Frömmigkeit darstellt.

2. Die Schriften gegen die Sophistik.

Diese sind vermutlich während des athenischen Aufenthalts des Philosophen vor der ersten sizilischen Reise entstanden: sie enthalten seine Auseinandersetzung mit den sophistischen Lehren und lassen bei ihrem wesentlich polemischen Charakter die positiven Elemente seines eigenen Denkens erst in unbestimmten Ansätzen und Andeutungen mehr ahnen als erkennen. Meisterstücke der Polemik, zeigen sie alle Stufen der Stimmung von dem wuchtigen Pathos und dem strengen Ernst bis zur übermütigen Satire und zum Hohn der Persiflage.

In heiterer Mitte zwischen diesen Gegensätzen bewegt sich der ästhetisch gelungenste dieser Dialoge, der „Protagoras". Im Hause eines reichen Atheners treffen die berühmten Wanderlehrer zusammen und entfalten vor ihren hingerissenen Verehrern ihre Vorzüge und ihre Schwächen: auf diesem geistvoll bis ins Kleinste belebten Hintergrunde spielt sich ein Rededuell zwischen Sokrates und Protagoras über die Lehrbarkeit der Tugend oder der Tüchtigkeit ab. Mit feiner Dialektik wird dabei die Stellung beider Grössen allmählich vertauscht; wir schauen dem Kampf zweier Heroen zu, und keineswegs ist Sokrates immer der Sieger. Wir verlassen den Schauplatz mit der Ueberzeugung, dass, der dies schrieb, über beide hinauszuwachsen berufen ist.

Im „Gorgias" fliesst sehr viel schwereres Blut. Gegen diesen Virtuosen der blumigen Rede, der mit nihilistischer Gleichgiltigkeit aller Wissenschaftlichkeit fremd und abhold war, richtet Platon mit voller Leidenschaft und heiligem Ernst einen gepanzerten Angriff, der alle seine Waffen in's

Feld führt. Mit kaum verhaltener Glut entfaltet sich
Wunsch und Hoffnung, durch Erkenntnis die Welt zu
bessern und zu bekehren, die Wissenschaft zur Staatskunst
zu entwickeln: und schon lüftet sich der Schleier über
dem religiösen Hintergrunde solcher Ueberzeugungen. Der
Lehre von der irdischen Lust tritt der Mahnruf an die
höhere Bestimmung des Menschen und sein wahres Heil
entgegen. In dem Sophistenschüler Kallikles wird der
frivole Uebermensch, der kein Gesetz über seinem Natur-
triebe kennt, mit grossen, sicheren Zügen gezeichnet und
ihm der jugendliche Idealismus einer sittlich-religiösen
Reform des Staatslebens auf wissenschaftlicher Grundlage
entgegengehalten.

An den „Gorgias" schliesst sich am besten der „Menon". Durch ihn nimmt Platon in weniger erregter Weise
das Problem von der Lernbarkeit der Tugend aus dem
„Protagoras" wieder auf und lässt, indem er es auf das
theoretische Gebiet spielt, an der Hand mathematischer
Untersuchungen seine mythisch gefärbten Ansichten über
das Wesen der Erkenntnis durchblicken. Erinnert er damit einerseits an die phantasievollen Darstellungen des
„Gorgias", so leitet er andrerseits zu den kritischen Untersuchungen des „Theaetet" über.

In lustigere Gefilde führen „Euthydemos" und „Kratylos". Der erstere Dialog giesst die Schale reichlichen
Spottes über die eristische Kunst der Sophisten, mit der
sie durch witzige Wendungen des noch ungelenken sprachlichen Ausdrucks den naiven Griechen zu verblüffen und
zu verwirren wussten, der zweite über die sprachphilo-
sophischen Theorien aus, in denen darüber gestritten wurde,
ob die Wörter ihren Zusammenhang mit ihren Bedeutungen
einer natürlichen Verwandtschaft oder einer conventionellen
Willkür verdanken. In beiden Fällen steigt der formell
siegreiche Sokrates-Platon in seinen Argumentationen soweit zu den wunderlichen Methoden seiner Gegner herab,
dass man nicht weiss, wo in diesem tollen Treiben der

Scherz aufhört und der Ernst beginnt: das gilt von den
Trugschlüssen im „Euthydem", ebenso wie von den Ety-
mologien im „Kratylos". Dabei sind beide Dialoge schon
gelegentlich mit Andeutungen durchsetzt, welche bei ihren
Lesern eine gewisse Bekanntschaft mit den Anfängen von
Platon's Ideenlehre voraussetzen, — eine Bekanntschaft
jedoch, welche sich sehr wohl auf seine mündlichen Mit-
teilungen in dem damals noch nicht schulmässig geschlossenen
Freundeskreise beschränken mochte.

Wesentlich polemisch ist endlich auch der „Theai-
tetos", der wissenschaftlich bedeutendste unter diesen Dialogen, dessen Abfassung, wenn auch vielleicht noch in
Athen begonnen, in die Zeit der sizilischen Reise hinab-
zureichen scheint. Er enthält bei einer bewussten Aenderung der Form, welche die ästhetische Einkleidung zu
Gunsten der scientifischen Untersuchung zurückdrängen will,
eine systematische Kritik der erkenntnistheoretischen Ansichten, welche Platon vorfand. Protagoras und Antisthenes
werden hauptsächlich vorgenommen. Dabei zeigt sich die
Wendung des Verfassers zu einer rein wissenschaftlichen
Wirksamkeit in dem grollenden Verzicht auf politische
Tätigkeit, dessen Begründung sich in einer bitteren Schilderung des Tyrannen und seiner Schmeichler ausspricht.
Im Zusammenhange mit den äusseren Daten wird es deshalb wahrscheinlich, dass der „Theaetet" den geistigen
Zustand zum Ausdruck bringt, in welchem Platon nach
dem Misserfolge von Syrakus sich auf die wissenschaftliche
Lehre in seiner Heimat zurückzog.

Unter den Schriften, deren platonische Autorschaft
zweifelhaft ist, gehört in diese Gruppe der „Hippias maior":
er zeigt, wie unfähig die an der Auffassung des Einzelnen
und Relativen haftenden Sophisten zur Bildung fester Begriffe sind, an dem Problem der Schönheit, und er könnte
als negative Vorbereitung zum „Symposion" gelten, wenn
er nicht in seiner Darstellung einen gar zu schülerhaften
Eindruck machte.

3. Die Schriften der Blütezeit.

An erster Stelle steht hier der „Phaidros", worin
der schon im „Theaetet" scharf betonte Gegensatz zwischen
dem „Chor der Philosophen" und den Rednerschulen ausgeführt wird. Im Schatten der Platane wird eine erotische
Rede des Lysias vorgelesen, und ihr stellt Sokrates die
seinige entgegen, um sich dann zum begeisterten Preise
des ἔρως als des philosophischen Triebes zu erheben. Aus
religiöser Anschauung schildert er Wesen und Geschick
der Menschenseele, wie sie zwischen der himmlischen Wohn-
stätte des Ewigen und der körperlichen Erdenwelt schwebt
und schwankt: ihr Auftrieb zu dem Unsichtbaren ist die
wahre „Liebe", ist das innerste Wesen der Philosophie,
deren echte Arbeit deshalb der mündliche Verkehr ist. —
Man darf kaum zweifeln, dass wir es in diesem Dialoge
mit der litterarischen Einführung der neu gegründeten
Akademie zu tun haben: die politischen Ideale treten hier
in den Hintergrund, gerade den politisch gefärbten Rednerschulen gegenüber stellt sich Platon's Schöpfung als eine
auf das höhere Leben der Wissenschaft gerichtete Gemeinschaft dar und nimmt dafür die Weihe religiöser Ueberzeugungen in Anspruch.

Die ideale Fortsetzung des „Phaidros" ist das „Symposion": es ist der Kulminationspunkt in der ästhetischen
Entfaltung von Platon's Persönlichkeit, das grösste seiner
Kunstwerke, eine unvergleichliche Schilderung der edelsten
Geselligkeit. Bei einem Festmahl kommt Sokrates mit
einer Anzahl geistiger Grössen Athen's zusammen; in
fröhlichem Zechen und neckischem Gespräch wird beschlossen, dass jeder der Reihe nach eine Rede auf den
Eros halten soll, und nun versuchen sich daran der Sophist,
der Arzt, der Komiker (Aristophanes) und der Tragiker
(Agathon), jeder in Auffassung, Sprache und Darstellung
mit köstlichem Humor gezeichnet: endlich kommt Sokrates
zum Wort, und er legt die intimsten Motive der platonischen
Philosophie der Priesterin Diotima in den Mund. Der Eros

erscheint als der Lebenstrieb des Universums — als der
allgewaltige Dämon, durch den alles Sterbliche und Ver-
gängliche nach dem Ewigen und Wandellosen trachtet, als
der Trieb des Philosophen, der zur reinen Welt der Ideen
aufstrebt. Kaum hat Sokrates geendet, so dringt, halb
trunken, Alkibiades in die Gesellschaft ein; aus mutwilligen
Scherzen entwickelt sich — ein Meisterstück ersten Ranges —
seine Rede auf Sokrates, worin er selbst sich nüchtern redet
und der Weise als die Verkörperung eben der höchsten
Liebeskunst erscheint, die er vorher als die Offenbarung
Diotima's vorgetragen hat — das Götterbild in der Silenen-
hülle.

In den Gedankenkreis des „Phaidros" und des „Symposion" gehören von den kleineren, nicht ganz gesicherten
Dialogen „Menexenos" und „Jon", der letztere namentlich
durch die Ausführung der Verwandtschaft und des Unter-
schiedes von Wissenschaft und Dichtung interessant.

Die Vorsicht jedoch, womit das Schulhaupt der Akademie sich zunächst litterarisch auf die poetisch verklärte
Darstellung wissenschaftlicher und religiöser Lehren be-
schränkte, stand dem Ausbau der social-politischen Theorie
nicht im Wege. Wir müssen vielmehr annehmen, dass
um dieselbe Zeit, vielleicht zuerst nur im Kreise der Schule,
der Entwurf des Idealstaates ausgeführt wurde, welcher
den Grundstock von Platon's grossem Lebenswerke, der
„Politeia" („Republik") bildet.

Freilich ist diese umfassendste unter seinen fertigen
Schriften auch das schwierigste Problem. Für eine unbe-
fangene Betrachtung ist es keine Frage, dass von einer
ursprünglich einheitlichen Komposition des Ganzen keine
Rede sein kann; vielmehr sind offenbar die einzelnen Teile
zu sehr verschiedenen Zeiten entstanden und tragen die
Züge verschiedener Entwicklungsstufen ihres Verfassers
deutlich an sich; insbesondere sind an späteren Stellen
Stücke eingeschoben, die sich ausdrücklich als Entgeg-
nungen von Einwürfen einführen, auf welche die frühere

Darstellung gestossen ist. Mit grossem Geschick sind dann
schliesslich alle diese Bestandteile in eine formelle Einheit
zusammengearbeitet, die der Forschung viel Kopfzerbrechen
macht. Am einfachsten gestaltet sich die Annahme fol-
gender drei Hauptschichten:

a) Die „Politeia" beginnt im ersten Buch mit einer
reichen, phantasievollen Scenerie und bietet einen Dialog
über die Gerechtigkeit, der, wie andre der sokratischen
Tugenddialoge, sachlich ergebnislos, aber mit einem effekt-
vollen Schlusse verläuft; daran schliesst sich in der ersten
Hälfte des zweiten Buches unter Wechsel der Mitunter-
redner des Sokrates als Übergang eine Art von Sophisten-
rede zum Lobe der Ungerechtigkeit. Zahlreiche Anklänge
im einzelnen und der ganze Ton der Darstellung rücken
diesen ersten Teil zeitlich in die Nähe des „Protagoras"
und des „Gorgias".

b) In der Mitte des zweiten Buchs beginnt Sokrates
mit den neuen Personen einen Dialog, dessen Inhalt die
Verfassung des Idealstaates ist. Dessen Darlegung reicht
bis an's Ende des vierten Buchs. Ihren philosophischen
Hintergrund bilden die Lehren über die Stellung der Seele
zwischen den beiden Welten der Idee und der Erscheinung,
wie sie uns aus dem „Phaidros" und dem „Symposion"
bekannt sind. An diese Dialoge ist also der Entwurf des
Idealstaates auch zeitlich zu rücken, und dasselbe gilt von
den drei letzten Büchern der „Politeia" (8—10), die im
wesentlichen auf demselben Standpunkte stehen. Sie enthalten zunächst die glänzende Entwicklung der vier falschen
Verfassungsformen und der ihnen entsprechenden individuellen Charaktertypen, und sodann den Schluss des Werks,
der vom Werte der „Gerechtigkeit" in diesem und in
jenem Leben handelt. Gehören so die letzten Bücher im
ganzen zu der Mittelschicht, so enthalten sie doch nicht
nur ein später eingeschobenes, grösseres Stück, worin (erste
Hälfte des 10. Buchs) die abweisende Behandlung der
Dichtkunst neu gerechtfertigt werden soll, sondern auch

im einzelnen mehrfache Argumente und Anspielungen,
welche auf spätere, mit der dritten Schicht der Republik
verwandte Werke Platon's, wie „Phaidon" und „Philebos"
hinweisen. Wir müssen annehmen, dass an solchen Stellen
bei der Schlussredaktion die umarbeitende Hand des Philosophen tätig gewesen ist.

c) Der späteste Teil der „Politeia" umfasst das fünfte
bis siebente Buch. Er beginnt als deutlich erkennbarer
Nachtrag mit der Rechtfertigung und näheren Ausführung
einzelner Momente der Idealverfassung, insbesondere zunächst der Weibergemeinschaft: und wenn diese Darstellung des fünften Buches von dem allgemeinen Standpunkte
der mittleren Schicht noch nicht ausgesprochen abweicht,
so ist dagegen diese Abweichung um so grösser bei dem
ausführlichen Entwurf der wissenschaftlichen Erziehung,
welchen das sechste und siebente Buch bringen. Hier
befinden wir uns ganz in der metaphysischen Atmosphäre,
die durch „Philebos" und „Timaios" bezeichnet wird.

So haben wir anzunehmen, dass die Abfassung der
„Politeia" sich durch Jahrzehnte erstreckt und die tief-
greifenden Umwälzungen mitgemacht hat, welche das metaphysische Denken des Philosophen während dieser Zeit
erfuhr.

Auf dem Wege von der zweiten zur dritten Schicht
der Republik oder vom „Symposion" zum „Phaidon" begegnen uns drei grosse, gedankenschwere Dialoge, die ein
andersartiges, aber gleichfalls erhebliches Problem bilden
wie die „Politeia". Sie sind die weitaus wichtigsten unter
denjenigen, bei welchen die Ansichten über die Echtheit
aus einander gehen. Es sind „Sophistes", „Politikos",
„Parmenides". Eine engere Zusammengehörigkeit dieser
drei Schriften innerhalb der Entwicklung der platonischen
Philosophie ist unverkennbar; sie stellen schon in der äusseren Komposition, indem der Träger des Dialogs nicht
Sokrates, sondern in dem einen Falle der grosse Eleat
Parmenides, in den beiden andern ein Gastfreund aus Elea

ist, eine nahe Beziehung zu der eleatischen Dialektik und
Metaphysik her. Sie behandeln die schwierigsten und zum
Teil die abstractesten Fragen. Der „Sophist" knüpft mit
dem „Politikos" zusammen äusserlich mit ähnlich blasser
Andeutung des scenischen Rahmens an Platon's „Theaetet"
an; die Aufgabe ist, die Begriffe des Sophisten, des Staatsmanns und des Philosophen zu bestimmen. Davon sind
nur die beiden ersten Teile gelöst; denn der „Parmenides"
kann in diesem Sinne nicht den fehlenden dritten Dialog
„Philosophos" ersetzen. Von den in sehr wunderlicher
Methode ausgeführten Definitionen geht der „Sophist" zu
einer Kritik der metaphysischen Systeme über, wobei die
platonische Ideenlehre dem sensualistischen Materialismus
(der Kyniker oder der jüngeren Naturphilosophen) gegen-
übergestellt wird, und schreitet dann zu Untersuchungen
über die Frage fort, wie das metaphysische Princip des
Seienden gedacht werden muss, um das Geschehen zu
erklären: der „Staatsmann" dagegen entwickelt aus mythischen Hüllen die königliche Kunst der Staatenlenkung
und eine Lehre von den verschiedenen Staatsverfassungen, worin zwar eine gewisse Verwandtschaft mit der
Gesinnung der platonischen „Politeia", aber nicht die geringste Beziehung zu ihren begrifflichen Grundlagen und
ihren besonderen Formen und Forderungen zu erkennen
ist. Im „Parmenides" endlich erweitert sich die Untersuchung der erkenntnistheoretischen und metaphysischen
Schwierigkeiten der platonischen Ideenlehre zu einer scharf-
sinnigen, aber sterilen Dialektik über die eleatischen Probleme von Einheit und Vielheit, Sein und Nichtsein.

Dabei ist in allen drei Dialogen der Glanz der Sprache,
der Ernst der Gesinnung, die Tiefe der Gedanken und
zum Teil auch die Kunst der Darstellung so durch und
durch platonisch, dass es ausserordentlich schwer wird,
einen Andern, Unbekannten für den Urheber zu halten.
Und doch erheben sich gewichtige Bedenken gegen Platon's
Autorschaft. Wir müssen ihm sehr viel Humor zutrauen,

wenn wir die scharfe Kritik, die seine Ideenlehre — denn
um keine andere kann es sich handeln — im „Sophist"
und im „Parmenides", im letzteren sogar mit abschätzigem
Spott erfährt, für eine Selbstkritik halten sollten. Ebenso
ist es sehr schwer vorzustellen, zu welcher Zeit der Verfasser der „Politeia" und der „Gesetze" noch ein drittes
staatsphilosophisches Werk geschrieben haben sollte, das
von den eigenartigen Lehren jener beiden andern Dialoge
auch nicht die geringste Notiz nimmt und ganz andre
Bahnen der politischen Theorie einschlägt. Endlich enthalten alle drei Dialoge einen zum Teil pedantisch, schul-
meisterlich und gar schülerhaft gehandhabten logischen
Schematismus, der sich sonst nirgends auch nur ähnlich
bei Platon findet, wohl aber als das charakteristische Merkmal der eleatischen Litteratur bekannt ist.

Danach müssen wir stark mit der Möglichkeit rechnen,
dass trotz allem diese drei Dialoge nicht von Platon selbst,
sondern aus Kreisen stammen, welche eleatisch geschult
waren. Ebenso sicher aber ist es, dass die beiden Verfasser (denn „Sophist" und „Staatsmann" stammen sicher
aus derselben Feder) auch der Akademie angehört haben.
Sie sind in der platonischen Gedankenwelt durchaus heimisch und auch mit ihrer Sprache und Darstellung vollkommen vertraut.

Mag deshalb auch Platon nicht ihr Verfasser sein, so
gehören doch alle drei Dialoge notwendig zu der Sammlung seiner Schriften. Einerseits erfahren wir gerade durch
ihre Polemik Wichtiges über die Ideenlehre, was in den
sicher platonischen Schriften nicht ausdrücklich enthalten
und von dem Philosophen vielleicht nur mündlich erörtert
worden ist; andererseits gehören diese Dialoge zu Platon's
Entwicklung insofern, als die Kritik, welche sie an seiner
Ideenlehre üben, den Fortschritt seiner Metaphysik in der
Tat bestimmt hat. Allerdings geschah dieser Fortschritt
nicht in der Richtung, welche namentlich der „Sophist"
vorschlug; diese Richtung weist vielmehr auf die aristo-

telische Lösung des Problems, und ähnliches gilt auch
vom „Staatsmann": aber jedenfalls sind die lebhaften Verhandlungen in der Akademie, deren Niederschlag jene drei
Dialoge enthalten, für Platon die Anlässe geworden, die
ihn auf die Höhe seines metaphysischen Denkens führten.

4. Die metaphysischen Hauptschriften.

Diese beginnen mit dem „Phaidon". Künstlerisch
ist er das fast ebenbürtige Seitenstück zum „Symposion".
Der lebensfrohe — und der todesfrohe Weise! Dort der
siegreiche Zecher, der, als alle andern in Schlaf gesunken
sind, frischen Muts im grauen Morgen dahingeht, um den
neuen Tag wie sonst zu beginnen — hier der ungebrochene
Greis, der, nachdem er mit den Freunden ein letztes Gespräch über alle Höhen und Tiefen menschlicher Erkenntnis
geführt, wie in festlicher Heiterkeit den Schierlingsbecher
trinkt. Mit stimmungsvollster Kunst ist auch hier die
Scenerie behandelt: wie die Freunde am frühen Morgen
in's Gefängnis kommen, wie sie den schlummernden Lehrer
wecken, wie das Gespräch sich anspinnt und fortspinnt,
wie die Scheidestunde naht, wie er ordnet und tröstet, wie
er in Ruhe und Hoffnung zu den Gefilden der Seligen
hinübergeht . . . .

Wunderbar und nur durch den Zeitabstand von Jahrzehnten erklärlich ist es, dass in diese Darstellung des
Märtyrertodes auch kein einziger Zug von Bitternis gegen
Athen und sein Gericht eingeflossen ist. Nur die weihevolle Erinnerung an das erhabne Ende des geliebten Meisters ist übrig geblieben.

Den Inhalt des Gesprächs bilden bekanntlich die Beweise für die Unsterblichkeit der Seele: in ihren Aufbau
aber flicht Platon am entscheidenden Punkte die Darstellung des neuen Prinzips, wonach die Ideen als Zweckursachen aller Wirklichkeit, ihr bleibendes Sein als Urgrund
alles Geschehens begriffen werden sollen, und völlig ent-

spricht es der Todesstimmung des Ganzen, dass diese Gedanken in religiöse Lehren auslaufen.

Die so gestellte metaphysische Aufgabe löst der „Philebos", der Form nach neben dem „Theaetet" die am meisten scientifische, des äusseren künstlerischen Schmucks fast bare Schrift des Philosophen. Ihr Gegenstand ist die alle griechische Ethik bewegende Frage, ob das „höchste Gut" des Menschen in der Lust oder im Wissen zu suchen sei. Die Antwort aber darauf wird von den äussersten Höhen der Metaphysik geholt. Aus der Einsicht in die zweckvollen Zusammenhänge des Universums ergiebt sich eine Lebensauffassung, welche die des „Symposion" wissenschaftlich vertieft und die leidenschaftlichen Gegensätze von Platon's Jugend überschauend ausgleicht.

Mit dieser Welt- und Lebensanschauung des „Philebos" stimmt in farbigerer Darstellung jener späteste Teil der „Politeia" überein, welchen wir in deren sechstem und siebentem Buche erkannt haben. Auch er betrachtet die „Idee des Guten" als die göttliche Sonne, die aller Wirklichkeit Leben und Bewegung giebt.

Darum durfte Platon an die abgeschlossene „Republik" endlich auch dem äusseren Rahmen nach die beiden Werke knüpfen, in denen er die Herrschaft des göttlichen Lebenszwecks in Natur und Geschichte darstellen wollte, den „Timaios" und den „Kritias". Von diesen ist der letztere nur ein eben begonnenes Bruchstück geblieben: der mythisch-phantastische Plan scheint auf eine Geschichtsphilosophie gerichtet gewesen zu sein, welche die Übermacht eines von sittlich-religiösem Geiste erfüllten, wenn auch noch so kleinen Gemeinwesens über die rohe Gewalt der natürlichen Staatsgebilde erweisen sollte.

Dagegen gehört der „Timaios" zu den formvollendetsten und geschichtlich wirksamsten Werken Platon's. Er enthält seine Naturphilosophie und liefert den Beweis dafür, dass der Philosoph in seiner späteren Lehrzeit, offenbar

mit Berücksichtigung der Bedürfnisse und Interessen seiner
Schüler, sich auf das Eingehendste mit der Naturforschung
seiner Zeit beschäftigt hat, die ihm bis dahin, soweit es
seine Schriften erkennen lassen, ferner gelegen hatte. Hier
sind die Lehren der jüngeren Physiologen, besonders aber
auch diejenigen Demokrit's sehr sorgfältig benutzt. Aber
dies ganze reiche Material, das sich am Ende auch auf
die Medicin erstreckt, schmilzt nun bei Platon in einen
teleologischen Zusammenhang ein, der nicht nur in den
metaphysischen Lehren des „Philebos" und der „Politeia"
begründet ist, sondern von diesen aus ein durchweg religiöses Gepräge angenommen hat. Der „Timaios" giebt
eine theologische Lehre von der göttlichen Weltschöpfung
und Weltregierung, und darauf hat seine historische Wirkung beruht.

5. Die „Gesetze".

Diese bilden das umfangreichste und sicher späteste
Werk Platon's. Es ist ein Torso von solcher Unfertigkeit,
dass man lange an seiner Echtheit irre gewesen ist. Einen
einheitlichen Zusammenhang sucht man in den zwölf überlieferten Büchern vergebens; an vielen Stellen bricht die
Erörterung einfach ab, und es beginnt eine völlig neue
Auseinandersetzung; eine planvolle Ordnung der Bücher
ist nicht zu finden. Allmählich beginnt sich das Verständnis des Sachverhalts zu klären. Wir haben es mit
einer Menge von Entwürfen zu thun, die sich in den
hinterlassenen Papieren des Philosophen vorgefunden haben
und von einem Schüler — das Altertum nennt Philippos
von Opus — mit wenig Geschick an einander gefügt
worden sind. Diese zum grossen Teile unausgeführten
Entwürfe aber gehören, wie es scheint, nicht einmal einem
einheitlichen Gesamtplan an; sondern es sind die Bruch-
stücke zweier Bearbeitungen desselben Gegenstandes durch
einander gewürfelt. Es handelt sich um verschiedene Versuche, den sozialpolitischen Idealen der „Politeia" eine

praktische Umgestaltung zu geben, vermöge deren sie in den tatsächlichen Verhältnissen des griechischen Lebens realisierbar erscheinen können. Dies Eingehen auf die historische Wirklichkeit giebt den „Gesetzen" eine grosse antiquarische Bedeutung, und die Art, in der Platon dazu Stellung nimmt, bietet uns wesentliche Ergänzungen für die Auffassung seiner Tendenzen, während der Ertrag der „Gesetze" hinsichtlich seiner theoretischen Lehre im ganzen nur gering ist. Eine Ausnahme macht in diesem Betracht nur das zehnte Buch, das eine in sich geschlossene, ungewöhnlich klar disponierte und scharf durchgeführte theologische Abhandlung polemischen Charakters darstellt und in seiner temperamentvollen Energie ein wertvolles Zeugnis für die geistige Rüstigkeit des genialen Denkers ist.

IV. Der Philosoph.

In Platon's Leben, Lehre und Schrift tritt uns die Einheit seiner Persönlichkeit entgegen: sie verknüpft in sich eine Fülle von Bestrebungen und erscheint dadurch im Zusammenhange mit allen geistigen Mächten der Zeit. Wenn es versucht werden soll, diese verschiedenen Verhältnisse und damit die Leistungen Platons auf den verschiedenen Gebieten zu sondern, so ziehen selbstverständlich zunächst seine eigentlich wissenschaftlichen Lehren die Aufmerksamkeit auf sich.

Dabei legt schon der Ueberblick über seine schriftstellerische Laufbahn die Auffassung nahe, dass das, was wir sein System der Philosophie nennen, nicht ein starr in sich abgeschlossenes, sondern ein in innerer Bewegung und Entwicklung begriffenes Gedankengebilde ist: eben dadurch vermochte es in stetig wachsendem Umfange auch die religiösen und die socialpolitischen Tendenzen zu assimilieren.

Als den Mittelpunkt seiner wissenschaftlichen Leistung hat Platon selbst immer seine Ideenlehre bezeichnet; die Darstellung seiner Philosophie muss deshalb in der Hauptsache eine Geschichte der Ideenlehre sein. Es wird dargelegt werden müssen, aus welchen Motiven und Voraussetzungen sie sich entwickelt hat, — wie sie sich zu einer metaphysischen Lehre gestaltet hat — wie sie endlich in ihrem eigenen Wesen sich umgebildet hat. Ursprünglich eine logische Theorie, ist sie eine Weltanschauung und ein allgemeines Princip der erklärenden Wissenschaft geworden. Dieser Process ist das Wesentliche an Platon's Philosophie.

1. Die Ideenlehre
(Dialektik).

Wie jede grosse Epoche der Geschichte der Philosophie
ist auch die sokratisch-platonische durch die Aufstellung
des erkenntnis-theoretischen Problems, durch die Besinnung
auf das Wesen des Wissens bedingt. Diese Wendung des
Denkens auf sich selbst vollzieht sich hier zum ersten
Male, und es ist die wissenschaftliche Grösse Platons, darin
das Wesentliche und Entscheidende an dem Auftreten des
Sokrates erkannt zu haben.

Im „Charmides“, wo es sich um den Grundbegriff der
Selbstbeherrschung (σωφροσύνη) handelt, lässt Platon entwickeln, dass die sittliche Forderung der Selbsterkenntnis
(γνῶθι σεαυτόν) die ganz eigne Art desjenigen Wissens verlange, welches nicht wie das sonstige Wissen (ἐπιστήμη)
andre Dinge, sondern sich selbst zum Gegenstande habe,
das Wissen vom Wissen. Darin liegt ausgesprochen,
dass diese „Wissenschaftslehre“ in letzter Instanz auf ein
ethisches Motiv zurückgeht. Es ist die von Platon in
voller Ausdehnung übernommene Voraussetzung des Sokrates, dass nicht nur jede technische, selbst die politische
Tüchtigkeit, sondern ebenso die sittliche Tugend auf Wissen
beruht. Eben deshalb aber muss man vor allem andern
wissen, was Wissen ist. Das Postulat der wissenden Tugend
verlangt eine Erkenntnislehre als Grundlage aller Philosophie.

So warm deshalb auch bei Platon die ethischen und
die socialpolitischen Motive sein mochten, die ihn im
Wissen schliesslich nur das erforderliche Mittel für seine
letzten Zwecke sehen liessen, und so lebhaft also diese
Motive in die Entfaltung des Erkenntnistriebes hinein-
gespielt haben mögen, so bleibt doch der Kernpunkt seiner
wissenschaftlichen Lehre eben diese Grundfrage nach dem
Wesen des Wissens; ja es ist hauptsächlich ihre Beant-
wortung, die ihn zunächst über Sokrates hinausgeführt hat.

Dieser war schliesslich doch immer dabei stehen geblieben, für jede besondre Frage des praktischen Lebens
den allgemeinen Grundsatz zu suchen, nach dem sie entschieden werden müsse. Die Selbstprüfung, die er lehrte,
lief darauf hinaus, dass man niemals nach Gewohnheit,
Herkommen und unmittelbaren Gefühlen, sondern stets mit
Bewusstsein der Gründe handeln solle: sein Lebensideal
war das maximenhafte Wollen. In dieser praktischen
Form hatte er das Vernunftprincip gefunden, welches das
Besondre der menschlichen Lebenstätigkeit von dem Allgemeinen der Überlegung abhängig machte. Er hatte
festgestellt, dass die wissende Tugend, welche der conventionellen Tüchtigkeit als das Höhere gegenüber treten
sollte, nur in dem Wissen des allgemeinen Grundsatzes
bestehen könne. Wer sich über sein Tun Rechenschaft
geben will, muss einen Begriff der Werte und Aufgaben
haben, um die es sich dabei handelt. So hatte das Philosophieren des Sokrates, dem Inhalt nach auf Festlegung
sittlicher Principien gerichtet, die Form des begrifflichen
Wissens angenommen.

Diese Aufgabe war auch für Platon massgebend; aber
sie erweiterte und verschob sich bei ihm nach mehreren
Richtungen.

In erster Linie ist dabei der Umstand wirksam gewesen, dass Platon neben dem ethisch-politischen das rein
wissenschaftliche Interesse der mathematischen Erkenntnis gewann. Es darf dahingestellt bleiben, ob dies auf
Anregung seiner athenischen Jugendbildung, ob es auf die
Bekanntschaft mit Männern wie Theodor von Kyrene oder
auf frühe Beziehungen zu den Pythagoreern zurückging,[1]

---

[1] Aristoteles allerdings entwickelt in der historisch-kritischen
Einleitung zu seiner „Metaphysik" die Stellung Platon's wesentlich
aus seinem Verhältnis zur pythagoreischen Lehre. Doch ist nicht zu
übersehen, dass, als Aristoteles in die Akademie eintrat, Platon durch
seine italischen Reisen eine viel intimere Beziehung zu dem pythagoreischen Bunde gewonnen hatte, als wir sie für seine Anfänge anzunehmen berechtigt sind.

— jedenfalls tritt diese bedeutsame Ergänzung der sokratischen Einseitigkeit bereits in den Schriften der neunziger Jahre zu Tage, welche Platon's eigne Lehre erst im Werden zeigen. Zwar handelt es sich in allen diesen Schriften schon wegen ihres Gegensatzes gegen die sophistische Rhetorik zunächst um die sittliche Reform des öffentlichen Lebens: aber die Wissenschaft, in der allein das Heil gefunden werden soll, strebt doch schon deutlich über eine bloss moralisierende Selbstverständigung hinaus, und weitere, wenn auch noch unbestimmte Linien einer theoretischen Weltansicht beginnen sich zu gestalten. Für die Festigkeit des begrifflichen Wissens erscheint gerade die Mathematik als willkommenstes Beispiel: und da, wo im „Menon" zuerst die metaphysischen und theologischen Hintergründe der neuen Wissenschaftslehre angedeutet werden, geschieht es an der Entwicklung einer mathematischen Einsicht.

Offenbar ist Platon in seiner Philosophie von mathematischen Motiven ebenso stark beeinflusst worden, wie er selbst fördernd auf die Entwicklung der griechischen Mathematik eingewirkt hat: und den Nerv dieses reciproken Verhältnisses werden wir darin sehen dürfen, dass es eben Platon gewesen ist, der in den mathematischen Problemen das ergiebigste Feld der begrifflichen Untersuchung erkannte, das Gebiet eindeutiger Definitionen und zweifelloser Beweise. So haben denn die mathematischen Studien eine grosse Rolle in der Akademie gespielt, welche darin ihre wissenschaftliche Verwandtschaft mit den Pythagoreern fand, und aus dieser Vereinigung ist das begriffliche Gepräge der späteren griechischen Mathematik hervorgegangen, wie es in dem Lehrbuche Euklid's seine typische Erscheinung gefunden hat.

Was die einzelnen mathematischen Gegenstände anlangt, so lassen Platon's Schriften zwar seine Vertrautheit mit der Zahlentheorie der Pythagoreer, aber keine eigne Ausbildung ihrer Probleme erkennen; da es jedoch daran in seiner Schule nicht gefehlt hat, so ist es wohl möglich,

dass auch der Meister sich dabei zu der Zeit beteiligte,
wo er in den „ungeschriebenen Lehren" seines Alters die
Ideenlehre mit der Zahlentheorie in unmittelbare metaphysische Berührung zu bringen suchte. Damit hängt es
dann zusammen, dass die Arithmetik als die der Philosophie am nächsten stehende Wissenschaft gepriesen wird.
Lebhafter tritt in den Schriften das geometrische Interesse
hervor: hier scheint die Akademie hauptsächlich die Lehre
von den Proportionen betont zu haben. Platon selbst aber
hebt ganz besonders den Fortschritt von der Planimetrie
zur Stereometrie hervor: die bisherige Vernachlässigung
der letzteren tadelt er in der schärfsten Weise. Wie eingehend er sich damit beschäftigte, zeigt die ihm zuge-
schriebene Lösung des sog. delischen Problems der Würfel-
verdopplung durch zwei mittlere Proportionalen.

Bedeutsamer jedoch ist es, dass Platon der mathematischen Forschung das Verlangen zugeführt hat, sie solle
von Definitionen und Axiomen ausgehen, und dass er
für die Lösung der geometrischen Aufgaben, die im wesentlichen auf die Möglichkeit von Constructionen innerhalb
gegebener Figuren hinausliefen, analytische, ausschlies-
sende und apagogische Methoden in Anwendung gebracht
hat. Damit vollzog sich die Einführung begrifflicher Me-
thodik in die Mathematik.

Wenn sich aber so die sokratische Forderung des begrifflichen Wissens bei Platon von den praktischen auf
theoretische Probleme erweiterte, so führte dies notwendig
auch zu einer Umgestaltung des Verfahrens der Begriffsbildung selbst. Sokrates hatte die Maximen und Wert-
begriffe von den einzelnen Vorstellungen aus durch Ver-
gleichung und Aufstellung analoger Fälle gesucht: dieses
„epagogische" Verfahren genügte für die mathematischen
Begriffe nicht. Definitionen wie die, dass der Punkt die
Grenze der Linie, die Linie die Grenze der Fläche, die
Fläche die Grenze des Körpers sei, waren auf inductivem
Wege weder zu finden noch zu begründen. Es musste

Platon, sobald er die Aufgabe des begrifflichen Wissens
in der erweiterten Form vor sich sah, die Ergänzungs-
bedürftigkeit des sokratischen Schemas zum Bewusstsein
kommen.

Sie zeigte sich auch noch in anderer Richtung. Den
Weg vom Besondern zum Allgemeinen, von den Vorstellungen des populären Bewusstseins zu den Begriffen der
Wissenschaft hatte Sokrates gewiesen: aber führte nicht
auch ein entgegengesetzter Weg vom Allgemeinen zum
Besondern? Ein begriffliches Wissen musste auch der Einteilung der Gattungsbegriffe in ihre Arten nachgehen
und sich schliesslich die Aufgabe stellen, die Ordnung
und den Zusammenhang (κοινωνία) aller Begriffe unter
einander zur Darstellung zu bringen.

Für die Einteilung (τέμνειν) der Begriffe fand Platon
eine einfache Anwendung in dem Schema der eleatischen
Untersuchungen vor. Zenon hatte die Probleme der Vielheit und der Bewegung der Einzeldinge mit abstractem
Scharfsinn nach der Methode behandelt, jede Frage con-
tradictorisch in dem Sinne zu erörtern, dass erst die eine
Möglichkeit und dann ihr Gegenteil besprochen wurde.
„Wenn die Welt aus einer Vielheit von Dingen bestehen
soll, so ist diese entweder endlich oder unendlich; setzt
man sie endlich, so etc." Diese Methode scheint Platon
übernommen zu haben, wenn er als die einfachste und
sicherste Form der Begriffseinteilung die contradictorische
Dichotomie anwendete und empfahl: wenigstens zeigen die
beiden ausführlichen Deductionen, womit in den Dialogen
„Sophistes" und „Politikos" die Begriffe des Sophisten und
des Staatsmanns durch fortschreitende Determination gewonnen werden, eine, allerdings pedantische und ermüdende
Anwendung des contradictorischen Schema's.

Dazu kam noch ein Anderes. Die Eleaten benutzten
solche Disjunctionen, um aus jedem der angesetzten Fälle
die Folgen zu entwickeln: sie verfolgten damit in ihrer
polemischen Weise den Zweck, jeden der Fälle durch seine

absurden Consequenzen als unmöglich zu erweisen. Auch
dies nahm Platon mit positiver Erweiterung auf: er führte
die Methode der hypothetischen Begriffserörterung
ein, die darauf hinauslief, die Brauchbarkeit und Sicherheit eines im Denken gewonnenen Begriffs an der Rich-
tigkeit der aus ihm abzuleitenden Folgerungen zu prüfen.

Alle diese Operationen nun, die Aufsuchung der Begriffe, ihre Einteilung, ihre Ordnung, ihre hypothetische
Erörterung fasste Platon unter dem Namen Dialektik
zusammen, und die Begriffe, mit denen sie beschäftigt ist,
nannte er Ideen. Die Dialektik betrachtete er als die
göttliche Kunst, aus der allein wahres Wissen erwachsen
könne, und eben deshalb auch als die alleinige Grundlage
aller wahren Tugend.

Im Verhältnis zu den einfachen Formen der sokratischen Gespräche tritt uns hierin ein mächtig gereiftes
und vertieftes logisches Bewusstsein entgegen. Um das
Grundverhältnis des Allgemeinen zum Besondern gliedert
sich bereits eine grosse Mannigfaltigkeit der wissenschaftlichen Gedankengänge und eine deutliche Einsicht in ihre
Verschiedenheit. Zwar ist Platon, wie er keine Wissenschaft systematisch dargestellt hat, auch zu dem geschlossenen Entwurf einer Logik nicht gekommen: aber wo er
gelegentlich logische Fragen berührt, wie das Wesen
des Urteils und des Schlusses oder die Denkgesetze, da
finden wir ihn auf einer Höhe auch der formalen Einsicht,
welche uns erkennen lässt, wieviel Aristoteles, der Vater
der logischen Wissenschaft, bei ihm gelernt hat. Das schliesst
nicht aus, dass wir bei Platon vielfach im einzelnen auf
Darlegungen stossen, die logisch beanstandbar sind, dass
seine Beweise sich oft in sprachliche Vieldeutigkeiten der
Wörter verstricken, auch Fehler wie die unberechtigte
Umkehrung allgemeiner Bejahungen etc. nicht selten erkennen lassen. Man wird sich darüber nicht wundern,
sobald man bedenkt, dass hier die logische Schulung des
philosophischen Denkens überhaupt erst anfängt: wunder-

lich ist es nur, wenn die à tout prix bewundernde Aus-
legung uns in solchen Fällen weismachen will, Platon habe
die Sophisterei recht gut gewusst, er habe sie nur spottend
oder charakterisierend als schriftstellerisches Mittel benutzt.

Eine so umfangreiche Ergänzung des sokratischen
Princips musste auch die Auffassung von dem Wesen und
dem Werte des Begriffs selbst verändern. Sokrates glaubte,
das Allgemeine in den besonderen Vorstellungen der Menschen auffinden und daraus nur zum deutlichen Bewusstsein herausheben zu können, und begnügte sich damit, für
die so gewonnenen Grundsätze die allgemeine Anerkennung
in Anspruch zu nehmen: bei Platon dagegen erhielten die ·
Ideen ein ganz anderes Verhältnis zu den in der Erfahrung vorgefundenen Vorstellungen und damit zugleich eine
ganz andere Art der Geltung.

Es konnte Platon nicht verborgen bleiben, dass solche
Begriffe, welche im deductiven Verfahren durch Einteilung
eines höheren Begriffs abgeleitet werden oder in der hypothetischen Erörterung zu Tage treten, ihrem Ursprung und
ihrer Bedeutung nach wesentlich andersartig sind als die
von Sokrates aus den Erfahrungen und Meinungen der
Menschen entwickelten Grundsätze: jene erweisen sich in
ihrer Begründung und Geltung unabhängig von den Wahrnehmungen und den daraus entstandenen Ansichten, sie
entstammen lediglich dem vernünftigen Denken. Dadurch
wurde für Platon von neuem der Gegensatz zwischen
Denken und Wahrnehmen massgebend, der von den
grossen Metaphysikern, wie Heraklit und Parmenides, auf-
gestellt, von den Sophisten aufgehoben und auch von Sokrates nur unbestimmt im Sinne eines Wertverhältnisses
aufrecht erhalten worden war. Platon musste sich überzeugen, dass die Begriffe, in denen er mit Sokrates die
wahre Erkenntnis und Tugend suchte, ihrem Wesen und
Ursprung nach von den Wahrnehmungen durchaus verschieden und aus ihnen nicht ableitbar seien.

Er zog — und das war das Entscheidende — diese

Konsequenz auch für diejenigen Begriffe, welche in sokratischer Weise inductiv aus den Wahrnehmungen entwickelt werden mussten. Auch in diesem Falle, fand er,
seien die Wahrnehmungen zwar die Veranlassungen, aber
nicht die Gründe des Begriffs, und der Inhalt der letzteren stecke nicht fertig und vollständig in den Wahrnehmungen, weder in den einzelnen noch in ihrer Gesamtheit, sondern er werde nur auf Anlass der Wahrnehmungen von der Vernunft selbständig gefunden. Platon
entwickelt dies gern (im „Phaidros" und im „Symposion")
an Wertbegriffen, die ja für Sokrates im Vordergrunde
des Interesses gestanden hatten. Wenn wir von schönen
Pferden, schönen Frauen, schönen Knaben etc. reden und
von diesen Vorstellungen her zu dem Begriffe der Schönheit vordringen wollen, so ist dieser Begriff in keinem
jener besonderen Beispiele rein und vollständig enthalten,
sondern sie alle zusammen dienen nur dazu, uns jenen
reinen Begriff in's Bewusstsein zu rufen, dem keines von
ihnen völlig Genüge tut.

Obwohl somit die Begriffsbildung darauf gerichtet
bleibt, das Einheitliche und Gemeinsame (τὸ κοινόν) zu
finden, das in der Mannigfaltigkeit des erfahrungsmässig
Gegebenen sich darstellt, so ist doch dies Gemeinsame
(der Inhalt des Gattungsbegriffs) nicht als Teil in den
Wahrnehmungsvorstellungen enthalten, sondern darin nur
angedeutet und nachgebildet. Die Idee erscheint den
Wahrnehmungen gegenüber als Ideal; sie wird nicht in
ihnen, sondern nur an ihnen gefunden. Der Vorgang der
Begriffsbildung ist nicht eine Zergliederung der Wahrnehmungen, vermöge deren in ihnen allen das Gleiche als
enthalten gefunden würde, sondern eine zusammenschauende
Intuition, welche das alle die einzelnen Exemplare ver-
einigende Gemeinsame selbständig erfasst: die ἐπαγωγή
wird zur συναγωγή.

Diese Auffassung vom Wesen des durch das Denken
zu erkennenden Gattungsbegriffs im Verhältnis zu den

Wahrnehmungen, in denen seine Exemplare gegeben sind, bestimmt durchweg die historische Stellung Platon's zwischen Sokrates und Aristoteles. Sokrates erhebt nur die noch unbestimmte Forderung, das Besondre aus dem Allgemeinen zu begreifen, zu erklären und zu beurteilen. Platon verlangt, dass dies Allgemeine durch ein „Zusammenschauen" all des unvollkommenen Einzelnen als ein davon Verschiedenes zum Bewusstsein gebracht werde: Aristoteles dagegen glaubt, dies Allgemeine durch eine Zergliederung des Besonderen auffinden zu können, in welchem es völlig enthalten sei. Man kann das eine die synoptische, das andere die analytische Theorie des Gattungsbegriffs nennen: aber dieser Gegensatz ist für Platon und Aristoteles massgebend nicht nur logisch, sondern auch metaphysisch; denn ebendeshalb ist das allgemeine Wesen der Dinge für den einen von ihrer wahrnehmbaren Erscheinung verschieden, für den anderen darin enthalten.

Für Platon aber ergab sich aus seiner synoptischen Auffassung, dass niemals ein Wahrnehmungsgebilde der zugeordneten Idee völlig entsprechen könne. Das ist um so erklärlicher, wenn man bedenkt, welche Begriffe ihm zunächst vorschwebten. Auf der einen Seite waren es die sittlichen Begriffe, die Sokrates suchte — normative Bestimmungen, die geeignet sein sollten, über Zwecke und Werte des ethischen Lebens zu entscheiden, aber weit entfernt waren, in den wirklichen Gesinnungen und Handlungen der Menschen erfüllt zu werden —, auf der anderen Seite handelte es sich um die mathematischen Begriffe, die in der Erfahrung niemals vollkommen realisiert sind. Es giebt in der Wahrnehmung kein absolut mathematisches Gebilde. Keine wirkliche Kugel in der Natur, auch nicht eine mit höchster Technik des Menschen gedrehte, tut vollständig der stereometrischen Definition der Kugel Genüge.

Diese wohlbegründeten Ueberlegungen überträgt Platon auf alle Begriffe überhaupt: es scheint ihm im Wesen der Sache zu liegen, dass die Wahrnehmungsgebilde immer

nur unvollkommene Nachbildungen, niemals vollkommene
Darstellungen der Begriffe sind: sie sind ihnen ähnlich,
aber nicht gleich.

Eine feinsinnige Folgerung aus diesem Verhältnis hat
Platon in seiner Sprachphilosophie gezogen, wie sie im
„Kratylos“ niedergelegt ist. Die Frage nach der Beziehung
zwischen den Wörtern und den Begriffen, die sie bedeuten,
hatten die Sophisten nach einem bei ihnen üblichen Schema
dahin beantwortet, dass diese Beziehung entweder rein
äusserlich durch conventionelle Bestimmung (θέσει) oder
sachlich (φύσει) durch eine Verwandtschaft und Ähnlichkeit
zwischen Begriff und Wort zu erklären sei. Indem Platon
der letzteren Auffassung mit ihren phantastischen Ety-
mologien halb ernsthaft und halb ironisch übertreibend
nachgeht, weist er doch mit entschiedenstem Ernste darauf
hin, dass auch die sprachliche Erscheinung des Begriffs,
wie sie im Worte vorliegt, zwar auf eine gewisse Aehnlichkeit mit dem Begriffsinhalt, aber niemals darauf Anspruch habe, diesen in seiner Reinheit und Vollständigkeit
zum Ausdruck zu bringen.

Ist nun aber der Begriff seinem eigensten Wesen und
Inhalt nach nicht in der Wahrnehmung enthalten — wie
kommen wir Menschen zu ihm, deren Erkenntnistätigkeit sich doch, an den Leib gebunden, zweifellos an den
Wahrnehmungen entwickelt? In der Antwort auf diese
Frage zeigt Platon die eigentümliche Gebundenheit des
gesamten antiken Denkens, welche die Vorstellung von
einer schöpferischen Energie des Bewusstseins nicht auf-
kommen liess, sondern alles Erkennen immer nur als ein
Abbilden des Empfangenen und Vorgefundenen auffassen
wollte. Wenn somit der Inhalt des Begriffs von dem der
zugehörigen Wahrnehmungen verschieden und in ihnen
nicht gegeben war, so musste er für Platon irgend wie
anders gegeben und von der erkennenden Seele empfangen
sein. Wenn das vernünftige Denken den Inhalt seiner
Begriffe nicht aus den Wahrnehmungen geschöpft haben

konnte, so musste ihm dieser Inhalt auf irgend eine andere
Weise gegeben sein —, so musste der Begriff die „Besinnung" auf einen Inhalt darstellen, den die Seele unabhängig von aller Wahrnehmungstätigkeit von vornherein
besass. Aus diesen Motiven entwickelte sich wissenschaftlich die für die platonische Erkenntnistheorie am meisten
charakteristische Lehre, dass alles begriffliche Wissen
ἀνάμνησις, Erinnerung, sei.

Zur psychologischen Erläuterung dieser centralen Lehre
benutzt Platon (im „Symposion" und namentlich im „Phaidon")
ausdrücklich das Gesetz der Association durch Aehnlichkeit. Wenn die synoptische Begriffsbildung von den
Wahrnehmungen zu einer Idee fortschreitet, die in ihnen
nicht als solche enthalten ist, so ist das nur dadurch
zu erklären, dass dem erkennenden Bewusstsein bei den
Wahrnehmungen der Begriff einfällt, der ihnen ähnlich,
der ihr Urbild ist. Das aber setzt voraus, dass dies begriffliche Urbild schon vor den daran erinnernden Wahrnehmungen in der Seele vorhanden, obwohl, wie andere
erinnerbare Inhalte, nicht bewusst vorhanden war. Ein
solches latentes Vorhandensein jedoch ist — wie bei den
empirischen Erinnerungen — nur möglich, wenn der Begriff früher wenigstens einmal als bewusste Vorstellung in
der Seele gewesen ist. Daher ist begriffliches Wissen nur
so möglich, dass die Idee vor der durch die leibliche
Existenz ermöglichten Wahrnehmungstätigkeit von der Seele
aufgenommen worden ist, und dass nun bei Gelegenheit
der Wahrnehmungen nach dem Gesetz der Association
durch Aehnlichkeit die ihnen ähnliche Idee im Bewusstsein reproduciert wird.

Mit geistreicher Kühnheit entwickelt Platon diese Lehre
im „Phaidon" an der Idee der Gleichheit selbst, — ein
Meisterstück seiner Dialektik. Wenn wir zwei Dinge
„gleich" nennen, so sind sie in Wahrheit nie vollkommen
gleich: denn um sie gleich zu nennen, müssen wir sie vorher irgend wie unterschieden, d. h. ungleich befunden

haben. Wenn wir also trotzdem an ihnen den Begriff der Gleichheit zur Anwendung bringen, so können wir ihn nicht aus ihnen entnommen, sondern müssen ihn mitgebracht, d. h. vorher und ursprünglich besessen haben, und wir sind nur durch diese relativ gleichen Dinge an die an sich absolute Idee der Gleichheit „erinnert" worden.

Alles begriffliche Wissen also ist Erinnerung; als ursprünglicher, vor aller Wahrnehmung erworbener Besitz der Seele tritt es wieder in das Bewusstsein, sobald die Idee durch ihr ähnliche Wahrnehmungen wachgerufen wird.

Man kann diese fundamentale Lehre Platon's von der ἀνάμνησις über ihren nächsten Wortsinn hinaus nach modernen Auffassungen deuten. Sie enthält erkenntnistheoretisch den wertvollen Gedanken, dass es Vernunftwahrheiten giebt, die, durch keinerlei Tatsachen der Wahrnehmung begründbar, unmittelbar in sich evident sind und auf deren unabweisbare Geltung wir uns nur zu „besinnen" brauchen; in diesem Sinne hat z. B. auch Descartes von den „eingebornen Ideen" gehandelt, indem er dabei — dem sprachlichen Ausdruck zum Trotz — weniger an das psychologische Kriterium des ursprünglichen Vorhandenseins als an die logische Bedeutung der unableitbar selbstverständlichen Gewissheit dachte. Andererseits kann man die platonische Lehre mit den Auffassungen der neueren Psychologie und Logik in Beziehung setzen. Darnach sind die ersten Vorstellungen des Menschen von unbestimmter Allgemeinheit und besitzen darin die Fähigkeit, dass sie sich in vielen besonderen Wahrnehmungen wiedererkennen lassen; aus ihnen entwickeln sich erst bei geschärfter Aufmerksamkeit die bestimmten Einzelvorstellungen. Von diesen aber geht das bewusste logische Denken aus, um in einer Art rückläufiger Bewegung die Gattungsbegriffe aufzusuchen, deren Inhalt sich (wie ihre sprachliche Bezeichnung) vielfach mit jenen ersten unbestimmten Allgemeinvorstellungen decken muss. So enthält der logisch erarbeitete Gattungsbegriff eine Reproduction der ursprünglichen, durch die Einzelvorstellungen verdunkelten Allgemeinvorstellung.

Aber solche Ausdeutungen liegen der Lehre Platon's fern: sie will vielmehr wörtlich so genommen werden, dass das begriffliche Wissen eine Erinnerung an ein vor der leiblich wahrnehmenden Existenz des Menschen gewonnenes Erkennen enthalte. Im „Phaidon" führt Platon den Beweis folgendermassen: eine Idee wie die der Gleichheit muss die Seele empfangen haben, ehe sie irgend eine Wahrnehmung des irdisch leiblichen Lebens machte. Denn auf solche war sie seitdem allein angewiesen, und in ihnen ist diese Idee nicht zu finden. Darnach bleibt nur übrig, dass die Seele jene Idee entweder in einer früheren Existenz oder im Momente der Geburt empfangen haben muss. Das letztere anzunehmen ist absurd, weil sie dann dieselbe Idee im selben Momente auch wieder vergessen haben müsste; somit kann die Aufnahme der Idee nur in die Präexistenz der Seele fallen. Diese Argumentation zeigt, dass die Lehre von der ἀνάμνησις in buchstäblichem, zeitlichem Sinne aufgefasst sein und auf eine dem irdischen Leben vorhergehende Existenz der Seele bezogen sein will. Es wird dafür ein streng dialektischer, psychologisch-erkenntnistheoretischer Beweis angetreten, während die früheren Darstellungen dieses Lehrstücks, im „Menon", im „Phaidros" und bei der zurückdeutenden Erwähnung im „Symposion" allerdings auf mythisch-religiöse Zusammenhänge gestellt sind (vgl. unten cap. 5). —

Noch viel höher jedoch und weiter geht der Flug des platonischen Gedankens über die sokratische Grundlage hinaus in Bezug auf den Erkenntniswert der Begriffe. Wenn sich Sokrates mit ihrer Geltung als Principien des ethischen Urteils hatte bescheiden können, so führte die Erweiterung des begrifflichen Wissens auf das theoretische Gebiet bei Platon zu überraschend weittragenden Folgerungen. Wissen ist nach griechischer Auffassung stets Abbildung des Seins im Bewusstsein, Uebereinstimmung der Vor-

stellung mit ihrem Gegenstande. Wenn also das wahre
Wissen in den Begriffen bestehen soll, so muss in deren
Inhalt auch das wahre Sein, die absolute Wirklichkeit er-
kannt sein. Mit dieser Wendung schöpft Platon aus dem
Sokratismus den Mut zu einer neuen Metaphysik. Die
Dialektik erhebt den Anspruch, Erkenntnis des wahren
Seins zu sein.

Das kommt in der Doppelbedeutung des platonischen
Ausdrucks Idee (ἰδέα, εἶδος) zu Tage. Als Functionen, als
intellectuelle Tätigkeiten sind die Ideen Begriffe und insbesondere Gattungsbegriffe[1]): als Gegenstände dagegen, die
in dem Inhalt der Begriffe erkannt und abgebildet sind,
sind die Ideen die „Gestalten" der wahren Wirklichkeit,
das Sein selbst in seiner inhaltlichen Bestimmtheit. Im
letzteren Sinne (den namentlich das „Symposion" ausgeführt
hat) ist die „Idee" kein Gedanke, sondern eine Realität.
Wir haben die Idee des Schönen (in subjectiver Bedeutung)
als Gattungsbegriff nur deshalb, weil ihr Gegenstand, die
Idee des Schönen (in objectiver Bedeutung) oder „das
Schöne an sich" (αὐτὸ τὸ καλόν) eine absolute Wesenheit,
eine Gestalt des wahrhaft Wirklichen ist.[2])

Ihre eigenste Färbung aber und ihren historischen
Glanz gewann die Ideenlehre erst dadurch, dass sie in
diesen Ausbau der sokratischen Begriffslehre die Ergebnisse
der sophistischen Erkenntnistheorie und namentlich
die Theorien des Protagoras aufzunehmen vermochte.

---

[1]) Dabei wird hier von der specifischen, in den späteren Schriften
von Platon selbst und nachher von Aristoteles genau ausgeprägten
Terminologie abgesehen, wonach in formal-logischer Hinsicht γένος
und εἶδος so unterschieden werden, wie wir jetzt im Deutschen
„Gattung" und „Art" unterscheiden.

[2]) Diese Doppelbedeutung des Wortes „Idee" hat in der Ausbildung und Wirkung der platonischen Lehre eine grosse Rolle gespielt und zugleich zu vielfachen Missverständnissen geführt. Insbesondere sei erwähnt, dass von der späteren Auffassung, wonach die
Ideen die urbildlichen Gedanken Gottes wären, bei Platon selbst auch
nicht im geringsten die Rede ist.

In dieser Hinsicht erscheint Platon als der überlegene
Geist, der die Gegensätze der Aufklärungsphilosophie zu
höherer Einheit verbindet: und dies gelang ihm gerade
vermöge seiner synoptischen Auffassung vom Wesen des
Begriffs.

Denn die negative und polemische Seite dieser Einsicht ist nichts anderes als die Kritik, der Platon im „Theaetet" die gesamte sophistische Erkenntnislehre unterzieht:
sie läuft darauf hinaus, dass aus Wahrnehmungen allein
niemals begiffliches Wissen, also überhaupt keine „Wissenschaft" gewonnen werden kann. Zu diesem Zwecke braucht
Platon zunächst den Protagoras nur beim Worte zu nehmen: denn dieser hatte alles menschliche Erkennen auf
die Wahrnehmung beschränkt und war eben deshalb zu
dem Ergebnis gelangt, dass es keine allgemeingiltige
Wahrheit gebe, vielmehr für Jeden wahr sei, was ihm -
jeweilig wahr scheine, und somit der (individuelle) Mensch
das Mass aller Dinge sei. Platon erkennt diese Konsequenz völlig an; er macht sich sogar die psychophysische
Theorie zu eigen, wonach die Wahrnehmung aus dem
Zusammentreffen zweier entgegenlaufender Bewegungen
zwischen dem wahrnehmenden Subject und dem wahrzu-
nehmenden Object entspringt: dabei entstehe in dem letzteren die Wahrnehmungseigenschaft (αἰσθητόν), in dem
ersteren die Wahrnehmungsvorstellung (αἴσθησις), worin
jene ganz adaequat abgebildet werde. Aber diese relative
Wahrheit gilt deshalb auch nur für den Moment des Wahr-
nehmungsactes und fällt mit ihm dahin. Wäre daher das
Wissen auf die Wahrnehmung und ihren Inhalt beschränkt,
so könnte es immer nur bis zu dieser relativen Wahrheit
gelangen. Das zeigt sich auch bei der Kritik der — vielleicht kynischen — Definition, welche das Wesen der
„Wissenschaft" in der richtigen (aus den Wahrnehmungen
entwickelten) Meinung und ihrer verstandesmässigen Begründung (δόξα ἀληθὴς μετὰ λόγου) suchte. Daher kann
die Wissenschaft (ἐπιστήμη), die zur Tugend erforderlich

ist, nur auf einem ganz andersartigen Wege zu Stande kommen: und das ist eben das dialektische Denken.

Allein damit ist nun der Wahrnehmung zwar die eigentliche und vollständige Wissenschaftlichkeit abgesprochen, andrerseits aber doch eine Art von relativer und momentaner Wahrheit und Erkenntniskraft zuerkannt. Denken und Wahrnehmen erscheinen als zwei verschiedenartige und zugleich auch verschiedenwertige Stufen der Erkenntnistätigkeit; das sokratische und das protagoreische Princip treten, beide in ihrer Art und in ihrem Umkreise giltig, in ein Wertverhältnis zu einander, jedoch so, dass sie als ursprünglich und wesentlich verschieden gelten und dass von einem unmittelbaren Übergange von der einen in die andere Erkenntnisweise keine Rede ist.[1])

Diesem Verhältnis der Erkenntnisweisen muss aber nach platonischer Auffassung ein analoges Verhältnis der Erkenntnisgegenstände entsprechen. Giebt es in den Begriffen ein Wissen, das sich zwar an den Wahrnehmungen, aber nicht aus ihnen entwickelt, und das von ihnen wesentlich verschieden bleibt, so müssen auch die Ideen, welche der Gegenstand der Begriffe sind, eine eigne und eine höhere Wirklichkeit bilden neben den Gegenständen der Wahrnehmung. Die letzteren aber sind in allen Fällen die Körper und ihre Bewegung, oder, wie Platon mit echt griechischer Betonung sagt, die sichtbare Welt: folglich müssen die Ideen, das Objekt der begrifflichen Erkenntnis, eine eigene, davon geschiedene Wirklichkeit, eine unsichtbare und unkörperliche Welt darstellen.

---

[1]) Hierin besteht der entscheidende Unterschied zwischen Platon und Demokrit. Auch der letztere forderte neben der im protagoreischen Sinne aufgefassten und gewerteten Wahrnehmungserkenntnis (σκοτίη γνώμη) eine durch das Denken zu gewinnende echte Wissenschaft (γνησίη γνώμη): aber er meinte, die eine aus der anderen finden zu können, er statuierte zwischen ihnen eine nur graduelle, keine principielle Verschiedenheit, und deshalb fand er durch das begriffliche Denken nicht wie Platon, eine neue, unkörperliche Welt, sondern nur einen constructiven Grundriss der Körperwelt selbst — die Atome.

Das ist also die Entdeckung der immateriellen Welt, worin die wesentliche Leistung der platonischen Dialektik besteht. Sie ist die strikte Konsequenz der Einsicht, dass der Begriff etwas wesentlich Anderes ist als die Wahrnehmungen, für die er gilt, und der Forderung, dass ihm deshalb auch als Gegenstand etwas wesentlich Anderes entsprechen müsse als die Körper, die mit ihrer Bewegung in der Wahrnehmung aufgefasst werden. So werden die Ideen für Platon zu immateriellen Gestalten und Wesenheiten: sie bilden eine eigene, eine höhere Welt neben der wahrnehmbaren Körperwelt. Denn der Wertunterschied, der auf die Erkenntnisweisen zutraf, überträgt sich notwendig auch auf die ihnen entsprechenden Bereiche der Wirklichkeit.

Eine solche Teilung der Welt in verschiedene Wertschichten war der griechischen Vorstellung an sich nicht neu. Vorgebildet durch die der religiösen Phantasie aller Völker geläufige Gegenüberstellung von Himmel und Erde, hatte sie bei den Hellenen eine eigne theoretische Ausprägung durch die Pythagoreer erhalten. Sie hatten Ordnung (κόσμος) und Bestand, Regelmässigkeit und Harmonie nur in der Welt der Gestirne finden können; die Welt „unter dem Monde" dagegen, die Erde mit allem, was auf ihr geschieht, betrachteten sie als das Reich der Unordnung, des Wechsels und der Unvollkommenheit. Aber auch diese Unterscheidung hielt sich doch zuletzt in den Grenzen der körperlichen Welt. Das vollkommen Neue, das Platon in der Ideenlehre brachte, war der Gedanke, der gesamten wahrnehmbaren Körperwelt die immaterielle Welt der Ideen gegenüberzustellen, die der Gegenstand des begrifflichen Wissens sein sollte. Wohl hatte, wie wir sehen werden, auch diese seine Ansicht ihren religiösen Hintergrund, wohl verband sie sich mit der verwandten pythagoreischen Kosmographie, — aber ihre Eigenart bestand doch in dem Verlangen, dass die höhere Welt die unsichtbare, die immaterielle Welt sein müsse: und diese Eigenart wurzelte in dem Princip der Dialektik.

Deshalb bildet den Kern des Platonischen Philosophierens der Dualismus, der darin zwischen den beiden Erkenntnisarten, dem Denken und dem Wahrnehmen, und ebenso zwischen ihren beiden Objecten, der immateriellen und der materiellen Welt, statuiert wird. Auf dem Höhepunkt seiner Darstellung in der „Republik" hat Platon in dieser Weise den Grundriss seines Systems gezeichnet. Alle Erkenntnis ist entweder Vernunfteinsicht (νόησις) oder auf Wahrnehmung gegründete Meinung (δόξα). Die erstere hat zum Gegenstande die unsichtbare, unkörperliche Welt: die Vernunfterkenntnis bezieht sich teils auf die Ideen (ἐπιστήμη), teils auf die mathematischen Formen (διάνοια); die Wahrnehmungserkenntnis dagegen teils auf die Körper selbst (πίστις), teils auf ihre künstlichen Abbilder (εἰκασία).

Derselbe Dualismus aber erstreckt sich aus der theoretischen in die praktische Betätigung. Wenn, wie Sokrates annahm, das Wollen des Menschen durch seine Einsicht bestimmt ist, so wird auch der Wert seines Wollens von dem seiner Einsicht abhangen. Aus dem wahren Wissen der Dialektik muss sich eine andre, höhere Tugend ergeben, als aus dem relativen Wissen, der Wahrnehmung und der Meinung. Deshalb unterscheidet Platon zwei in Wesen und Wert verschiedene Arten der Tugend: philosophische und gewöhnliche. Die letztere ist jene bürgerliche Tüchtigkeit, die auf Gewohnheit und Herkommen, auf den aus Erfahrungen angesammelten Meinungen beruht: ihre Regeln, die Moral der Masse und des alltäglichen Lebens, werden von dem Einzelnen nicht aus Überzeugung, sondern aus Klugheitsrücksichten und persönlichen Interessen eingehalten. Die philosophische Tugend dagegen erwächst aus der begrifflichen Einsicht, sie ist sich ihrer Gründe bewusst und weiss darüber Rechenschaft zu geben; sie ist die Lebensführung der Vernunft. Ihre Ziele liegen deshalb in der unsichtbaren Welt, wäh-

rend die „gemeine Tugend" auf die Güter des irdischen
Lebens gerichtet ist.

So wird auch auf dem praktischen Gebiete der Gegensatz
der sokratischen und der sophistischen Lehre von Platon
dadurch überwunden, dass er ihre Geltung verschiedenen
Bereichen zuweist. Aber es liegt in der Natur der Sache,
dass der Wertunterschied in dieser Hinsicht noch stärker
und schärfer betont wird. In theoretischer Hinsicht konnte
dem Wahrnehmungswissen, das für die einzelnen Inhalte
der sichtbaren Welt allein anwendbar ist, ein gewisser,
wenn auch zunächst untergeordneter Wert zuerkannt bleiben: praktisch dagegen enthielt die Anerkennung, dass die
Klugheitsmoral für die grosse Masse in Geltung bleibe,
zugleich ihre Verwerfung für den auserlesenen Teil der
Menschheit, der sein Heil im wahren Wissen zu finden
berufen sein sollte.

Neben diesem theoretischen und praktischen Dualismus hatte jedoch die Dialektik mit ihrer synoptischen
Grundauffassung vom Wesen des Begriffs noch eine andere
Seite: der Begriff sollte zwar etwas Anderes sein als die
Wahrnehmungen, aber diese sollten ihm doch wenigstens
ähnlich sein und dadurch an ihn zu erinnern vermögen.
Dies letztere, positive Verhältnis musste sich nun ebenso
wie das gegensätzliche für Platon auf das Verhältnis der
sichtbaren zur unsichtbaren Welt, der körperlichen Erscheinungen zu den Ideen übertragen. Auch als immaterielle Gestalten und Wesenheiten sind die Ideen die Ur-
bilder ($\pi\alpha\rho\alpha\delta\epsilon\acute{\iota}\gamma\mu\alpha\tau\alpha$), von denen die körperlichen Gebilde
der sichtbaren Welt die unvollkommenen, nur ähnlichen,
aber nicht gleichen Abbilder ($\epsilon\acute{\iota}\delta\omega\lambda\alpha$) enthalten.

Alles Sichtbare ist ein Gleichnis des Unsichtbaren.
Wenn Aristoteles andeutet, dass schon die Pythagoreer
eine solche Beziehung zwischen den Dingen und den
„Zahlen" angesetzt hatten, so mag das auch in Bezug auf
den historischen Zusammenhang zutreffen, und wieder
spielt dabei die Mathematik und das Verhältnis zwischen

mathematischen und empirischen Grössen eine vermittelnde
Rolle: aber welch ein Fortschritt von der unbestimmten,
spielerischen Analogie, womit etwa ein Pythagoreer die
Gerechtigkeit auf die Zahl vier oder neun bezog, zu der
logischen Deutlichkeit, mit der in der Dialektik das schöne
Ding als ein unvollkommnes Abbild des „Schönen-an-sich"
betrachtet wird! Auch hierin hat Platon, was er an Vorstellung bei den Pythagoreern vorfand, durch das sokratische Princip geadelt.

Auf diesem positiven Verhältnis zwischen Idee und
Erscheinung, Begriff und Wahrnehmung beruhte, wie oben
gezeigt, jener Vorgang, durch den das begriffliche Wissen
als Erinnerung zu Stande kommt. Aber dieser Vorgang ist
nun für einen Mann wie Platon nicht bloss logischer, sondern zugleich ethischer und, wie sich später zeigen wird,
religiöser Natur: er ist kein interesseloses Denken, sondern
er wühlt die Menschenseele bis in ihre Tiefen auf. Wenn
die Wahrnehmung der sinnlichen Dinge in der Seele die
Erinnerung an die übersinnliche „Gestalt" weckt, die sie
dereinst in der unsichtbaren Welt schaute, so bleibt es
nicht bei diesem Einfall, sondern in der noch nicht ver-
dorbenen Seele regt sich ein Staunen und dann eine mäch-
tige·Sehnsucht, jenes „Urbild" von neuem in seiner Reinheit und Vollkommenheit zu schauen und sich damit zu
der höheren Welt zu erheben: es entsteht die schmerzliche
Unruhe, in der die Seele aus dem Sinnlichen zum Übersinnlichen emporringt, um es zu erfassen und sich zu eigen
zu machen. Das ist der philosophische Trieb, das ist,
mit all ihrem Leid und all ihrer Lust die platonische
Liebe.

Darum ist die Wissenschaft, die von diesem Triebe
erfüllt ist, die Liebe zur Weisheit, φιλοσοφία.[1]) Zwischen

---

[1]) Die spätere Überlieferung schreibt die Prägung dieses Ter-
minus dem Pythagoras zu: doch ist alle Wahrscheinlichkeit dafür, dass
er erst in dem sokratischen Kreise, vielleicht von Platon selbst, seine
Bedeutung erhalten hat.

dem wandellosen Besitz der Götter und der unempfäng-
lichen Thorheit der niederen Wesen steht sie in der Mitte
als das Streben nach Wissen. Jene, die Götter, sind
die Wissenden; die grosse Masse der Menschen sind die
Unwissenden: die Philosophen sind die, welche wissen
wollen.

So vertieft und erfüllt sich das sokratische Ideal des
ἔρως. Die sittliche Gemeinschaft des Strebens nach Wahrheit
und Vollkommenheit erhält ihre metaphysische Bedeutung:
der geistige Inhalt des Umgangs ist, wie es im „Phaidros"
und im „Symposion" mit entzückender und ergreifender
Schönheit dargestellt wird, die Erhebung zu der immateriellen Welt der Ideen; seine Aufgabe ist, in den verwandten
Seelen die Urbilder von neuem zu erzeugen. Der Eros
als philosophischer Trieb ist der Drang des Sinnlichen
nach dem Übersinnlichen, und es lässt sich schon von hier
aus übersehen, wie die Ideenlehre dazu gelangen wird,
auch diesem subjectiven Vorgange eine metaphysische
Bedeutung zuzuerkennen.

2. Die Welt als Wesen und Werden.
(Metaphysik).

Die Dialektik war von den anthropologischen Gesichts-
punkten der Aufklärungsphilosophie, von dem Gegensatze
zwischen Sokrates und den Sophisten ausgegangen: aber die
erweiterte Behandlung, welche sie dem Problem des Wissens
zuwendete, hatte von selbst zu einer metaphysischen Stellung-
nahme geführt. Dem Denken und dem Wahrnehmen entsprechen die unsichtbare und die sichtbare Welt. Hatte
Platon so die Schranken durchbrochen, die sich die attische
Philosophie im Anfange gesetzt hatte, so musste sich sein
Blick auf die metaphysischen Lehren zurücklenken, die in
der ersten, kosmologischen Periode der griechischen Wissenschaft entwickelt worden waren, und indem er mit ihren
Ergebnissen und Gegensätzen die Ideenlehre in Beziehung

setzte, gewann er den Höhepunkt, auf dem er alle Fäden
des früheren Denkens zu einer grossen Einheit zusammen-
ziehen konnte.

Das Entscheidende jedoch in der Synthesis, die er so
vollzog, bestand darin, dass der Gegensatz zwischen ma-
terieller und immaterieller Welt mit dem Grundgegensatz
zur Deckung gebracht werden konnte, der in der früheren
Philosophie zwischen Heraklit und den Eleaten zu Tage
getreten war. Dieser war das begriffliche Ergebnis der
ersten Naturforschung gewesen und dann zur Voraussetzung
der vermittelnden Theorien für die Naturwissenschaft des
fünften Jahrhunderts geworden: an ihn knüpfte Platon jetzt
seine Ideenlehre an.

Das erste Problem der griechischen Philosophie war
die Frage nach dem einheitlichen und unveränderlichen
Princip gewesen, das der wechselnden Mannigfaltigkeit des
natürlichen Geschehens zu Grunde liegt. Aus verschiedenen
Versuchen, diesen Grundstoff qualitativ zu bestimmen, hatte
sich einerseits die Lehre Heraklit's vom ewigen Fluss
aller Dinge, in welchen ein bleibendes Sein nicht zu
finden sei, andererseits die Abstraction der Eleaten entwickelt, die mit dem denknotwendigen Postulat des einheitlichen Seins die Vielheit und den Wechsel der Erscheinungen unverträglich fanden. Nach Heraklit ist die
Welt ewiges Werden und das Sein darin nur ein Schein,
nach Parmenides giebt es nur das eine wandellose Sein,
und alle Veränderung ist Lug und Trug der Sinne. Zwischen
diesen beiderseits paradoxen Extremen hatten Nachfolger
wie Empedokles, Anaxagoras und die Atomisten einen
Ausgleich durch die Annahme einer Mehrzahl an sich unveränderlicher Substanzen gesucht, aus deren wechselnder
Verbindung und Trennung sich die Erfahrungswelt in ihrer
Mannigfaltigkeit und Veränderlichkeit erklären sollte: so
war es zu den naturwissenschaftlichen Grundbegriffen, dem
Element und dem Atom, gekommen.

Für Platon bot die Ideenlehre eine ganz andere Hand-

habe zum Ausgleich jener Gegensätze dar. Die sichtbare
Welt der Körper, der Gegenstand der Wahrnehmung, so
mannigfach und wechselnd wie diese selbst, erschien ihm
als das Reich des heraklitischen Werdens, eines ewigen
Entstehens und Vergehens ohne jeden dauernden Bestand:
die begriffliche Erkenntnis dagegen, die das Unsichtbare
erfassen soll, geht darauf aus, des reinen Urbildes, der
bleibenden Einheit sich zu entsinnen, die in all den
wechselnden Wahrnehmungsgebilden sich darstellt; die
Ideen tragen den körperlichen Erscheinungen gegenüber
die Merkmale des eleatischen Seins an sich.

So wurde für Platon die übersinnliche Welt der Ideen,
das Reich des Unsichtbaren, zu einer Welt des ewigen,
wahren Seins (ὄντως ὄν) oder des Wesens (οὐσία) und die
Körperwelt, das Reich des Sichtbaren, zu einer Welt des
Werdens (γένεσις).

In diesem Sinne brachte zunächst der „Theaetet" die
Lehre des Protagoras mit der Heraklit's in einen vielleicht
etwas engeren Zusammenhang als er historisch bestand.
Platon bezog die Behauptung der Relativität aller Wahrnehmung, wie es auch nachher die Skeptiker wieder getan
haben, auf die stetige Veränderlichkeit des Gegenstandes,
d. h. der Körperwelt. Soll die Wahrnehmung, selbst ein
Product verschiedener und gegensätzlicher Bewegungen,
nur das Abbild eines momentanen Zustandes, eines vorüber-
gehenden Verhältnisses zwischen Subject und Object sein,
so hört ihre Wahrheit mit diesem Zustande auf und ist
auf ihn von vornherein beschränkt. Eine Welt wie die
der Körper, die in ewigem Entstehen und Vergehen begriffen ist und kein bleibendes Sein enthält, kann nur der
Gegenstand einer ebenso unbeständigen und der dauernden
Einheit ermangelnden Erkenntnisweise sein, und das ist
eben die Wahrnehmung. Die immer nur werdende Welt
wird in einer immer nur werdenden, niemals festen und
fertigen Tätigkeit der Seele erkannt.

Näher noch lag es andrerseits für Platon, das begriff-

liche Wissen mit der eleatischen Metaphysik in Verbindung
zu bringen. Schon manche formale Züge seiner Dialektik
erinnerten an die namentlich von Zenon angewendeten
Argumentationen, und sachlich lag eben die Verwandtschaft
vor, dass die Idee, als das Object der wahren Erkenntnis,
eine einheitliche unsichtbare Wirklichkeit, geschieden und
unabhängig von allen ihren wahrnehmbaren Erscheinungs-
weisen, besitzen sollte. Diese intime positive Beziehung
der Ideenlehre zum Eleatismus kommt am deutlichsten in
den Dialogen „Sophistes“ und „Parmenides“ zum Wort:
beide lassen deutlich erkennen, dass es die Absicht Platon's
war, das abstracte Sein der Eleaten durch die übersinnliche
Welt der Ideen zu ersetzen, und beide Dialoge handeln
von den Schwierigkeiten, auf die er damit geriet.[1])

Auf diese Weise nimmt vermöge des Princips der
Correlativität zwischen dem Wissen und seinem Gegenstande Platon's Ideenlehre über und zwischen den Eleaten
und Heraklit eine ähnliche Stellung ein wie über und
zwischen Sokrates und Protagoras. In beiden Fällen verwandelt Platon den Gegensatz in eine Wertabstufung.
Die wahre Erkenntnis durch Begriffe, wie sie Sokrates
suchte, bezieht sich auf die Ideenwelt, die den Wert des
eleatischen Seins besitzt: die relative Erkenntnis durch
Wahrnehmung, so wie sie Protagoras aufgefasst hat, bezieht sich auf die Körperwelt, die auch nur einen relativen
Seinswert hat, nämlich den des heraklitischen Werdens.

Es ist nicht zu verkennen, wie stark in diesem Verhältnis das eleatisch-sokratische Moment dem heraklitisch-
protagoreischen überlegen bleibt. Das erstere bestimmt

---

[1]) Dies ist zweifellos der Sinn beider Schriften und ihre Bedeutung für unser Verständnis der platonischen Philosophie: das gilt
unabhängig davon, ob man Platon zumutet, diese Einwürfe sich selbst
gemacht zu haben, oder ob man annimmt, sie stammten von dem
eleatischen Wortführer beider Dialoge her. Vgl. oben S. 57 ff. Über
die Wirkung dieser Einwürfe auf Platon wird weiter unten gehandelt
werden: S. 91 ff.

principiell die platonische Weltanschauung und lässt das
letztere nur als ein untergeordnetes zu. So wie die Wahrnehmung dem begrifflichen Denken gegenüber eine geringere
Art der Erkenntnis enthält, so ist auch die Welt des
Werdens, das Sinnenreich der Körper, nur eine niedere
Wirklichkeit gegenüber der Welt des Wesens, dem übersinnlichen Reich der Ideen.

Am deutlichsten wird das in der Art und Weise, wie
Platon das Werden dialektisch bestimmt. Er greift dabei
auf das Motiv zurück, das Parmenides, der grosse Eleat,
angewendet hatte, um neben seiner alle Vielheit und Bewegung ausschliessenden Seinslehre doch wenigstens hypo-
thetisch von der Erscheinungswelt zu handeln. Er hatte
sie als eine Mischung von Sein und Nichtsein angesehen
haben wollen. Und genau so betrachtete nun Platon die
Ideenwelt als das reine Sein (εἰλικρινές), die Körperwelt
dagegen mit ihrem ewigen Werden als Mischung von
Sein und Nichtsein (μὴ ὄν). Werden ist ja Sein und
doch Nichtsein, Nochnichtsein oder Nichtmehrsein, und eben
darin besteht die Inferiorität der Welt als Werden gegenüber der Welt als Wesen.

Die eleatische Färbung dieser Gedanken geht aber
noch weiter. Für Parmenides hatte das „Sein", dem ur-
wüchsigen Materialismus des menschlichen Denkens gemäss,
Körperlichkeit oder Raumerfüllung, das Nichtsein dagegen
den leeren Raum bedeutet. Für Platon war das „Sein"
nicht mehr körperlich, sondern vielmehr eine positive
immaterielle Wirklichkeit, nämlich die Idee: das „Nichtsein" (μὴ ὄν) dagegen blieb ihm wie den Eleaten der
leere Raum. Deshalb aber wurde für ihn die „Welt als
Werden", die Körperwelt, eine Mischung der Ideen
mit dem leeren Raume. Sie hörte damit auf, blosser
Schein oder reines Nichts zu sein; sie wurde zu einer
geringeren, unreineren, abgeschwächten Stufe der Wirklichkeit: deshalb hiess die Ideenwelt ihr gegenüber das wahre
Sein (τὸ ὄντως ὄν).

So haben wir schliesslich bei Platon zwei Welten vor
uns: die eine ist unsichtbar, ewig, unentstanden und unvergänglich, unveränderlich, wahrhaft wirklich — die immaterielle Welt der Ideen; die andre ist sichtbar, in steter
Veränderung begriffen, in ihrem Sein mit dem räumlichen
Nichtsein gemischt — die materielle Welt der Körper und
ihrer Bewegungen.

Diese Zweiweltenlehre ist das originelle und typische Merkmal der platonischen Metaphysik: ihr Spring-
punkt liegt in dem Begriffe der Immaterialität. Denn
innerhalb der physischen Welt hatten, wie oben erwähnt,
schon die Pythagoreer den Wertunterschied einer höheren
und einer niederen Wirklichkeit gemacht. Man kann
Platon's Zweiweltenlehre als die Sublimierung jener pythagoreischen Anschauung bezeichnen: die Gestirnwelt, als
körperlich und bewegt, gehört bei ihm noch zu der Welt
als Werden — erst in der neuen Welt, der immateriellen,
findet er die absolute Ruhe, das reine, stets sich selbst
gleiche Sein.

Die schroffe Gegenüberstellung dieser beiden Welten,
der metaphysische Dualismus, ist die Konsequenz des
erkenntnistheoretischen Dualismus vom Denken und Wahrnehmen. Das begriffliche Wissen erkennt die Welt, die
ist und nie wird, Wahrnehmung dagegen und Meinung
(πίστις) richten sich auf die Welt, die wird und nie ist.
Diese Formel, die sich bei Platon noch spät (im „Timaios")
findet, bezeichnet den Grundriss der Weltanschauung, die
uns in der mittleren Zeit des Philosophen entgegentritt:
im „Phaidros", in der ersten Hälfte des „Phaidon". Sie
steht, wie wir später sehen werden, seiner religiösen
Überzeugung am nächsten, und sie ist unter allen seinen
Lehren die eindrucksvollste und geschichtlich wirksamste
gewesen.

Sie barg aber auch eine Fülle von Schwierigkeiten in sich,
die dem Philosophen selbst und seinen reiferen Genossen

nicht entgangen sind. Die scharfe Kritik, die später Aristoteles daran geübt hat, ist allen Hauptpunkten nach schon in den Dialogen „Sophistes" und „Parmenides" angelegt, und ihre Wirkungen treten deutlich in Platon's späteren Schriften hervor.

Die erste Schwierigkeit besteht in der Abgrenzung des Inhalts der Ideenwelt. Wenn nach Platon's logischem Entwurf jeder Gattungsbegriff die Erkenntnis einer Idee bedeuten sollte, so bevölkerte sich die unsichtbare Welt mit den Urbildern aller sichtbaren Dinge; dann war darin auch das Böse und Hässliche vertreten, dann schlüpften in das Reich der reinen Gestalten auch allerlei schmutzige Gesellen, die Gattungsbegriffe des Gemeinen, des Unschönen und des Verabscheuungswürdigen. Im „Parmenides" wird Sokrates darauf hingewiesen, dass das logische Princip keine Möglichkeit biete, das Ideenreich von solchen Eindringlingen sauber zu halten. Aber der Einwurf läuft darauf hinaus, dass der Charakter des Gattungsbegriffs den Wertunterschied beider Welten nicht begründe, oder dass, wie es später Aristoteles formuliert hat, die Ideenwelt nichts anderes sei als die Wahrnehmungswelt, noch einmal vorgestellt im Begriffe.

Principiell hat sich Platon aus dieser Aporie nicht herauszuziehen vermocht: in seinen Beispielen dagegen lässt sich die Richtung erkennen, worin er es versuchte. Am häufigsten nennt er Eigenschaftsbegriffe wie Wärme und Kälte, Leichtigkeit und Schwere, gern auch mathematische Verhältnisse wie Gleichheit, Grösse, Kleinheit, Einheit, Zweiheit; an den wichtigsten Stellen, wo die Weltanschauung der Ideenlehre in Frage steht, erscheinen Wertprädikate wie das Schöne, das Gute, das Gerechte. Aber neben diesen Ideen der Qualitäten begegnen uns auch solche von Stoffen wie Feuer oder von Zuständen wie Ruhe und Bewegung, Farbe und Schall, weiterhin aber die Gattungsbegriffe der natürlichen Wesen wie Tier und Mensch, endlich sogar gelegentlich Ideen von menschlichen Kunstproducten wie Tisch und Bett.¹) Danach wird man im allgemeinen sagen dürfen, dass Platon das Bestreben vorschwebte, die typischen und besonders die normativen Bestimmungen des empirischen Daseins in der höheren Wirklichkeit der Ideen aufzufinden: aber dies ist niemals principiell ausgesprochen und hat sich deshalb auch nicht zu einem bestimmten Kriterium für eine Auswahl der Gattungsbegriffe, die sich zur Aufnahme in die Ideenwelt eignen, entwickeln können.²) An sich bleibt deshalb die letztere der Inbegriff aller möglichen Gattungsbegriffe.

Um so schwieriger gestaltete sich für Platon auch die Frage nach der Ordnung und dem Zusammenhange der Ideen: auch hier erwies sich das formale Princip der Dialektik als unzulänglich. Dass die gesamte Ideenwelt in letzter Instanz eine Einheit und ein System bilden müsse, folgte als notwendiges Postulat aus dem eleatischen Motiv dieser Lehre, und die einzelnen dialektischen Operationen, insbesondere die Begriffseinteilung, legten den Gedanken eines solchen Zusammenhanges (κοινωνία) der Ideen direct nahe. Aber die Ausführung stiess auf grosse Schwierigkeiten. Da die Ideen von sehr verschiedenem Grade der Allgemeinheit waren, so liessen sich nicht nur von demselben Sinnendinge mehrere Ideen, sondern auch zum

---

¹) Aristoteles berichtet zwar, in der späteren Zeit habe Platon Ideen von Artefacten und Verhältnissen nicht mehr anerkannt: doch kann das, wenigstens den Schriften nach, nicht streng genommen worden sein. Relationsideen spielen noch im „Phaidon" eine grosse Rolle, und in einem der späteren Stücke der „Republik" (in der ersten Hälfte des 10. Buchs) ist von der Idee des Bettes die Rede. Freilich handelt es sich an dieser Stelle um ein schnell aufgerafftes (und wenig glücklich durchgeführtes) Argument, das die menschliche Kunsttätigkeit durch den Nachweis herabsetzen soll, sie sei nichts als Abbildung eines Abbildes.

²) Wenn somit Herbart Platon's Ideen als absolute Qualitäten definiert hat, so drückt das vielleicht eine Tendenz des Philosophen richtig aus, entspricht aber nicht seiner wirklichen Lehre.

Teil die einen von den anderen aussagen. Danach konnten
freilich die Verhältnisse der Subordination und der Co-
ordination zwischen ihnen festgestellt werden: allein das
gelang doch immer nur für gewisse begrenzte Gruppen.
Die sog. platonische Begriffspyramide, welche von der
Basis der niedersten singularen und partikularen Begriffe
durch schrittweise fortgesetzte Abstraction zu dem allgemeinsten aller Begriffe als ihrer Spitze aufsteigen soll,
hat Platon selbst nicht einmal verlangt, geschweige denn
ausgeführt.[1] Vielmehr hat Platon zwar gelegentlich im
Zusammenhange seiner Untersuchungen auch die allgemeinsten Begriffe erörtert, so in der „Politeia" das Verhältnis von Sein und Bewusstsein, so im „Theaetet" Sein
und Nichtsein, Identität und Verschiedenheit u. s. w.: aber
im Ganzen hat er auf den Versuch einer logischen Ordnung der Ideenwelt verzichtet und zu andern Mitteln gegriffen, um eine systematische Einheit darin herzustellen.

Dazu müssen wir es rechnen, wenn der Philosoph in
seinem Alter auf den unglücklichen Gedanken geriet, die
Ideenwelt als Zahlensystem zu entwickeln. Wir
kennen diesen Versuch kaum mehr aus Platon's Schriften,
in denen er nur zuletzt leise angedeutet ist wie im
„Philebos", sondern in der Hauptsache aus Aristoteles
(insbesondere dessen Metaphysik) und späteren mehr oder
minder fragmentarischen Berichten. So dunkel die Sache
im einzelnen bleibt, so deutlich lassen sich ihre Motive
im allgemeinen verstehen. Die Pythagoreer, die auf einen
systematischen Entwurf der wissenschaftlichen Lehren aus-
gingen und eine logische Grundlage dafür noch nicht be-
sassen, hatten dazu ihre Zahlentheorie herangezogen, in-

---

[1] Erst spätere, von Platon abhängige Schulen der antiken Philosophie haben dies versucht und sind dabei, der Natur der Sache und
der logischen Gesetzmässigkeit zufolge auf das Ergebnis gestossen,
dass die Spitze der Pyramide, der oberste und allgemeinste Begriff, auch
der inhaltloseste, dass es der des ganz unbestimmten Etwas oder des
Nichts sein müsse.

dem sie auf jedem Gebiete die einzelnen Begriffe mit den einzelnen Zahlen des dekadischen Systems durch mehr oder minder sinnreiche oder willkürliche Analogien in Beziehung setzten, so z. B. etwa den Punct als eins, die Linie als zwei, die Fläche als drei, den Körper als vier u. s. f. bezeichneten. Sie gewannen so wenigstens eine Art von Ordnung der Begriffe. Wenn nun Platon auf dieses Surrogat zurückgriff, so wirkte dabei der Umstand mit, dass die Pythagoreer das ganze System der Zahlen aus der Eins entwickelten und dass dieses Verhältnis der Einheit zur Vielheit in Platon's Überlegungen über die Verhältnisse der Idee zu ihren Erscheinungen, weiterhin aber der höheren zu den niederen Ideen ebenfalls eine grosse Rolle spielte. Deshalb wurden nun solche Voraussetzungen der Zahlentheorie wie der Gegensatz des Ungraden und des Graden, den noch dazu die Pythagoreer mit dem des Begrenzten und des Unbegrenzten gleichgesetzt hatten, oder das Verhältnis der Eins zur Zwei etc. für Platon zu metaphysischen Ausgangspunkten einer dialektischen Ableitung aller Ideen aus einem einheitlichen Princip. Die verschiedenen Fassungen dieses Princips und die Einzelheiten in der Ausführung des ganzen unfruchtbaren Gedankens dürfen hier um so eher übergangen werden, als sie dunkel und controvers sind und als die grössten Zweifel darüber bestehen, wieweit die überlieferten Lehren auf Platon oder auf seine nächsten Schüler zurückgehen.

Sehr viel deutlicher und zugleich glücklicher war der andere Ausweg, den Platon wählte, indem er die logische Ordnung der Ideenwelt mit der teleologischen vertauschte. Denn wenn er zu der Auffassung gelangte, dass die höchste, alle anderen umfassende und bestimmende Gestalt in der übersinnlichen Welt die Idee des Guten sei, so konnte die Unterordnung der übrigen Begriffe unter dieses einheitliche Princip nicht mehr die logische Subordination der Arten unter die Gattung, sondern nur das

Verhältnis der Mittel zum Zweck sein. Freilich ist auch in diesem Falle eine Rangordnung der teleologischen Verhältnisse von Platon nicht ausgeführt, vielmehr fallen alle Ideen unter die des Guten sozusagen mit einem Schlage: aber es ist damit doch eine sachliche Einheit und ein bedeutsamer Mittelpunkt des Systems gewonnen. Die Gedankengänge aber, die Platon dazu führten, hingen mit weiteren Problemen zusammen, die sich aus dem Dualismus der Zweiweltenlehre entwickelten.

Sie gruppieren sich alle um die Frage nach dem Verhältnis der Erscheinungen zu der ihnen entsprechenden Idee. Wenn Platon der letzteren eine gesonderte Realität in der übersinnlichen Welt zuschrieb (χωρισμός), und wenn dies Reich des Unsichtbaren (τόπος νοητός) von der sichtbaren Welt nicht nur verschieden, sondern auch real geschieden sein sollte — wie verhielten sie sich zu einander? Das war eine Frage, die Platon nicht ursprünglich gestellt hatte. Sein Interesse war es nur gewesen, der Vernunfterkenntnis neben den Wahrnehmungen eine eigne Wahrheit und eben deshalb auch einen eignen Gegenstand zu geben: erst als so die beiden Welten einander gegenüber standen, wurde ihr Verhältnis zum Problem.

Die Grundvorstellung, mit der Platon diese Frage zuerst beantwortet hat und auf die er immer wieder zurückgekommen ist, ergab sich aus der synoptischen Theorie der Begriffsbildung und aus der Lehre vom Wissen als Erinnerung: das Verhältnis der Idee zur Erscheinung (φαινόμενον) ist dasselbe wie das des Begriffs zu den Wahrnehmungen, nämlich Ähnlichkeit, und zwar in der Weise, dass auch realiter die Ideen als Urbilder gelten, denen die Erscheinungen ähneln, freilich nur unvollkommen ähneln. Das Verhältnis der Erscheinung zur Idee ist also Nachahmung (μίμησις). Dabei ist wohl zu beachten, dass dies Verhältnis zunächst nicht im genetischen Sinne, sondern nur als ein Ausdruck der inhaltlichen Beziehung gedacht wird: ebenso war es bei den Pythagoreern gewesen, wenn sie die Zahlen als Urbilder aller Dinge betrachteten. Erst später, im „Timaios", hat Platon dieser Auffassung die Wendung gegeben, dass die Entstehung der körperlichen Dinge auf eine nachahmende Tätigkeit zurückgeführt wurde, die zum Urbild die Ideen genommen habe.

Zunächst verursachte der Begriff der Nachahmung eine dialektische Aporie. Wir nennen zwei Erscheinungen ähnlich, weil sie beide der ihnen gemeinsamen Idee ähnlich sind: setzt nicht aber die Aehnlichkeit zwischen Idee und Erscheinung wieder ein höheres Gemeinsames, ein Drittes voraus, vermöge dessen sie verglichen werden können? und so fort bis in's Unendliche! Sollen der empirische Mensch und der „Mensch-an-sich" ähnlich sein, verlangt das nicht einen „dritten Menschen", der den Vergleichungspunkt abgiebt? Diesen Einwurf (τρίτος ἄνθρωπος) erhebt der Dialog „Parmenides", und Aristoteles hat ihn später aufgenommen. Wenn er uns heut etwas sophistisch vorkommt, so lässt er doch erkennen, dass sich der platonische Gedankenkreis bei dem Begriffe der Nachahmung nicht beruhigte.

Eine andere Auffassung des Verhältnisses, die sich gelegentlich bei Platon findet, ist aus der Reflexion auf den Umstand erwachsen, dass die Idee eine Einheit (μονάς) im Verhältnis zu der Vielheit ihrer Erscheinungen sein sollte. Den eleatisierenden Dialogen lag diese Problemstellung besonders nahe, aber auch der „Philebos" geht genau darauf ein. Wie kann das Eine Vieles, wie können die Vielen Eins sein? Hier bot sich nun zunächst der Überlegung das Verhältnis des Ganzen zu seinen Teilen dar, und wenn dieses auf die Beziehung zwischen Begriff und Wahrnehmung oder zwischen Idee und Erscheinung angewendet wurde, so ist klar, dass dabei, logisch gesprochen, nicht mehr der Inhalt, sondern der Umfang der Begriffe in Betracht gezogen war. So ist es zu verstehen, wenn Platon von einem Teilhaben (μετέχειν) der Erscheinungen an den Ideen redet. Den letzteren allein kommt die wahre Wirklichkeit zu, und die werdenden und vergehenden Erscheinungen sind nur insofern, als sie an dem „Wesen" Anteil haben. Auch diese Auffassung hat Platon in einer gewissen Unbestimmtheit gelassen; sie setzt offenbar voraus, dass alle Teile des Umfangs eines Begriffs diesem selbst ähnlich sind, aber sie bringt dies Verhältnis nicht auf einen scharfen Ausdruck. So wichtig deshalb dieser Gedanke durch den Einfluss geworden ist, den er auf die Ausbildung der aristotelischen Logik ausgeübt hat, so wenig konnte es Platon's letztes Wort über das Verhältnis von Idee und Erscheinung sein.

Einen Schritt weiter führt uns eine dritte Bezeichnung der Sache, die darin vorliegt, dass Platon von einer Gegenwart der Idee an der Erscheinung (παρουσία) redet. Die Dinge in der Erfahrungswelt werden einer Idee ähnlich, wenn diese „zu ihnen kommt" und sie verlieren solche Eigenschaften wieder, wenn die Idee „von ihnen fortgeht". Es ist namentlich im „Phaidon", dass Platon das Verhältnis von dieser Seite betrachtet, und man ist dabei zunächst versucht, in dieser Darstellung nur eine bequeme Art von sinnlicher Veranschaulichung des schwierigen dialektischen Verhältnisses zu sehen. Denn es ist dabei geradezu von einem „Kommen und Gehen" der Ideen die Rede, wodurch den Sinnendingen die wechselnden Eigenschaften mitgeteilt und wieder entzogen werden. Diese Vorstellungsweise aber enthält neben anderen Problemen die grosse Schwierigkeit, dass jenes „Kommen und Gehen" der in der übersinnlichen Welt befindlichen Ideen sich nicht nur jeder anschaulichen Darstellung entzieht, sondern auch mit dem Wesen der Ideen, mit ihrer Unveränderlichkeit und Unbeweglichkeit völlig unvereinbar ist.

Betrachtet man aber diese Untersuchungen in der zweiten Hälfte des „Phaidon" genauer, so sieht man, dass sie aus einem Gedanken entspringen, der hier zuerst mit

voller Deutlichkeit hervortritt. Wenn bis dahin und auch
noch in der ersten Hälfte des „Phaidon" der Kernpunkt
der Ideenlehre stets in der Überzeugung gesucht wird,
dass es ein „an sich Schönes", ein „an sich Gutes" u. s. w.
gebe, so wird nun der Schwerpunkt darauf gelegt, dass
das einzelne sinnliche Ding nur deshalb schön oder
gut sei und heissen dürfe, weil es an der Idee der Schönheit oder der Güte teilhabe, bezw. diese Idee ihm „bei-
wohne". In der Idee also liegt der Grund, weshalb die
Erscheinung sich so verhält, wie die Wahrnehmung sie
im einzelnen zeigt; aus der Gegenwart der Idee erklärt
sich die Eigenschaft des Sinnendinges, aus ihrem Kommen
das Entstehen, aus ihrem Gehen das Aufhören der Eigenschaft. Die Ideen sind die Ursachen der Erscheinungen.

Damit ist in die Ideenlehre ein Motiv eingeführt, das
ihr ursprünglich fehlte: sie bekommt die Aufgabe, eine
erklärende Theorie für die Erscheinungen zu sein.
In ihrem ersten Entwurf wollte die Dialektik nur den
schwankenden Wahrnehmungen und Meinungen gegenüber
ein festes Wissen haben; sie fand es in den Begriffen und
postulierte als deren Gegenstand eine übersinnliche Welt.
Mit dieser sollte sich das philosophische Denken befassen,
die Sinnenwelt mit ihrem Wechsel sollte ihm gleichgiltig
sein. Jetzt aber wird von der Ideenlehre behauptet, dass
sie und sie allein auch die Erscheinungswelt begreiflich
mache.

Diese Aenderung der Aufgabe hat Platon dadurch
angedeutet, dass er jener Darstellung im „Phaidon" eine
Erzählung voranschickt, die zu den umstrittensten Stellen
seiner Werke gehört. (Phaid. 96 ff.) Er lässt den Sokrates berichten, wie er sein Bedürfnis, die Ursache (αἰτία)
des Entstehens und Vergehens zu erforschen, vergeblich
zuerst bei den mechanischen Theorien der Naturphilosophen, sodann bei der teleologischen Lehre des Anaxagoras zu befriedigen gesucht habe und schliesslich zu der
Einsicht gekommen sei, dass nur in der Ideenlehre (die

dabei als schon längst feststehend angesehen wird; vergl.
p. 100 b) auch diese Probleme ihre Lösung finden können.
Die Erzählung trifft weder auf die Entwicklung des Sokrates noch auf die Platon's selbst zu, und auch als ein
Rückblick auf die Geschichte der vorplatonischen Philosophie kann sie nicht interpretiert werden: ihr Sinn ist
vielmehr die Behauptung, dass die von der Naturphilosophie begehrte Erklärung des natürlichen Geschehens nur
von der Ideenlehre zu erwarten sei. Die Welt als Werden
ist nur aus der Welt als Wesen, das Geschehen ist nur aus
dem Sein zu begreifen.

Nur diese Deutung der Stelle ist mit dem vereinbar,
was wir sonst über Platon's Entwicklung wissen. Das
naturphilosophische Interesse, das hier dem Sokrates in
den Mund gelegt wird, lag notorisch nicht nur diesem,
sondern seinem ganzen Kreise, insbesondere auch Platon
selbst fern, dessen frühere Schriften nichts davon erkennen
lassen und der es erst verhältnismässig spät gewonnen hat.
Im Kampfe gegen die Sophistik, vermutlich mit Hilfe der
Mathematik, hatte er seine Dialektik geschaffen: aber je
mehr sich diese zu einer metaphysischen Lehre, zu einer
Weltanschauung auswuchs, um so mehr erweiterte sich
Platons wissenschaftliches Interesse auch auf die Fragen
der Naturforschung[1]); und es verstand sich von selbst,
dass er seiner Ideenlehre die Kraft zutraute, auch dieser
Probleme Herr zu werden. Daher die emphatische Zu-
versicht, mit der er sich im „Phaidon" dazu anheischig
macht, obwohl er sich die Schwierigkeit der Sache nicht
verbirgt. Er sagt (vielleicht nicht ohne Rücksicht auf die
sogleich zu erwähnenden Erörterungen des „Sophistes"),
jene Aufgabe müsse durchaus in weiterer Forschung gelöst werden. Möge man das Verhältnis von Idee und Erscheinung als Nachahmung, als Teilnahme, als Parusie

---

[1]) Dass dabei auch die Bedürfnisse der Akademie mitsprachen,
wurde oben S. 37 erwähnt.

7*

oder als welche Art von Gemeinschaft immer auffassen —
das Wichtigste und Sicherste bleibe, dass die einzige Ursache der Erscheinungen in der Idee zu suchen sei.

Das wesentlich Neue bestand also darin, dass die
Ideen auch als Ursachen des Geschehens, des Entstehens
und Vergehens sinnlicher Dinge und Eigenschaften aufgefasst werden sollten. Aber eben darin lag auch eine
grosse, vom platonischen Standpunkte aus nie vollständig zu
lösende Schwierigkeit. Sie ist mit voller Deutlichkeit und
Schärfe in dem Dialog „Sophistes“ dargelegt und bildet
den Wendepunkt in der Entwicklung der Zweiweltenlehre.

Denn die Kritik, die in diesem Dialog an der platonischen Ideenlehre vollzogen wird, ist durchgängig von
dem Gedanken beherrscht, dass die Ideen, so wie Platon
sie in seiner Dialektik gedacht hat (und, setzen wir hinzu,
nach deren Motiven notwendig hat denken müssen), völlig
unfähig sind, als Ursachen der Erscheinungen, sofern diese
ein Geschehen enthalten, angewendet zu werden. Die
„Ideenfreunde“, heisst es hier (p. 246 ff.), stellen Wesen
und Werden (οὐσία und γένεσις) als zwei verschiedene Welten gegenüber; die eine soll vom Denken, die andre durch
Wahrnehmung erkannt werden; die eine soll das unsichtbare Reich des ewig Gleichen und Unveränderlichen, die
andre das sichtbare Reich des stets Bewegten und immer
im Entstehen und Vergehen Begriffenen sein. Bei dieser
Verteilung der Prädicate (die der platonischen Dialektik
genau entspricht) fällt alles Wirken und Leiden in den
Bereich der Welt des Werdens. Die Starrheit, welche
den Ideen in ihrer absoluten Unveränderlichkeit beiwohnt,
erlaubt nicht, sie als Ursachen anzusehen. Als solche
müssten sie selbst tätig, d. h. beweglich sein, müssten
sie Seele, Leben und Vernunft haben: nur dann könnten
sie als Kräfte (δυνάμεις) aufgefasst werden, aus denen
sich die Erscheinungen erklärten. Da sie das nach
der Ideenlehre nicht sind, so ist diese ebenso unfähig, die Erscheinungswelt begreiflich zu machen, wie

die eleatische Seinslehre, an deren Stelle sie treten wollte.[1])

Den positiven Vorschlag, den diese Kritik hinsichtlich einer Theorie der Ideen als Kräfte macht, finden wir bei Platon nicht weiter verfolgt: er ist erst in der späteren Litteratur, bei den Peripatetikern, Stoikern und Neupythagoreern wirksam geworden. Dagegen wird nun kein Zweifel sein, dass wir von dieser Kritik aus die eigenartige Umbildung zu verstehen haben, welche der Denker zum Schluss dem Verhältnis von Idee und Erscheinung gegeben hat.

Die Aufgabe war die, an dem Charakter der Ideen als ewig unveränderlicher, selbst in keiner Weise bewegter oder tätiger Gestalten festzuhalten und in ihnen doch die „Ursachen" des Werdens und der Erscheinungen zu sehen. Auf die einfachste Form gebracht, würde die Frage so lauten: wie kann etwas Ursache sein, ohne selbst sich zu bewegen?

Die Antwort auf diese Frage hat Platon gegeben, — nicht in der scharfgeschliffenen Begriffsform, wie es nach ihm und durch ihn Aristoteles vermochte, aber aus der Tiefe seiner inneren Lebensanschauung und aus den letzten Grundlagen seiner Dialektik. Wenn diese überall das Princip inne gehalten hatte, die Vorgänge des erkennenden Bewusstseins mit ihren Gegensätzen und Beziehungen in gegenständliche Wirklichkeiten mit ihren Gegensätzen und

---

[1]) Unter Rückweis auf p. 88 hebe ich nochmals hervor, 1) dass die im „Sophistes" kritisierte „Ideenlehre" m. E. nicht irgend eine andre sonst völlig unbekannte, etwa eine megarische (wie sie Schleiermacher und Zeller construiert haben), sondern einzig und allein die platonische selbst sein kann, und 2) dass die Bedeutung dieser Kritik für die Umbildung der platonischen Metaphysik ganz dieselbe bleibt, ob sie nun von Platon selbst oder irgend einem Andern herrührt. Denn auch im letzteren Falle beweist sie, dass Platon den Anspruch erhob, aus den Ideen die Erscheinungen abzuleiten, und auch im letzteren Falle war sie der Anlass zu der teleologischen Umbildung seiner Metaphysik.

Beziehungen umzusetzen, so vollzog Platon dies zum letzten
Male an jener Erregung des philosophischen Triebes,
worin er den Lebensnerv der dialektischen „Erinnerung" gefunden hatte. · Wie in des Menschen Seele bei der Wahrnehmung sinnlicher Dinge jene höchste Liebe entsteht,
der Drang nach dem Übersinnlichen, die Sehnsucht, das
reine Urbild von neuem zu schauen und ihm im begrifflichen Denken ähnlich zu werden — so muss auch das
Sinnending selbst, die körperliche Erscheinung von demselben Drange nach dem Übersinnlichen erfüllt sein, von
der Sehnsucht (ὀρέγεσθαι), die Idee in sich darzustellen
und ihr ähnlich zu werden.

In diesem Sinne hatte schon das „Symposion" den
ganzen Lebensprocess der sichtbaren Welt auf die Liebe
zurückgeführt, diesen Eros aber als die Sehnsucht des
Vergänglichen nach dem Unvergänglichen, des Sterblichen
nach dem Unsterblichen bestimmt. In hinreissendem Fortschritt geben die Reden dieses glänzendsten aller Dialoge
immer tiefere und weitere Auffassungen vom Wesen des
Eros, und schon in der schalkhaften Phantasie des Aristophanes bricht der ernste Gedanke hervor, dass in der
Liebe die getrennten Stücke der Erscheinungswelt zu der
ursprünglichen und höheren Einheit zurückstreben, auf die
sie hindeuten. Auf dem Höhepunkt aber enthüllt sich
das Geheimnis der Zeugung als der das ganze Weltall
durchdringende Trieb, in der endlosen Reihe vergänglicher,
sinnlicher Gestalten die ewige Wahrheit der Idee zur Erscheinung zu bringen.

So allein kann die Idee Ursache der Erscheinung sein,
ohne dass sie aufhört, Idee zu sein. Sie bleibt in über-
sinnlicher Reinheit, in unbewegter und unveränderter Hoheit, und doch ist alles Drängen und Treiben der Sinnendinge und ihrer Bewegungen nur durch sie bestimmt. Sie
ist das Ziel, auf das alles Geschehen hindrängt und durch
das es deshalb bestimmt ist: das „Wesen" ist der Zweck
des „Werdens". Die einzige Form, worin die Idee Ursache

der Erscheinungen sein kann, ist die Zweckursache. Die
Zweiweltenlehre der Dialektik kann eine erklärende Theorie,
eine völlig ausgebildete Philosophie nur werden als —
teleologische Weltanschauung.

3. Die Ideen als Zweckursachen.
(Ethik und Physik.)

Was Platon im „Phaidon" von seiner Ideenlehre verlangte, das hat er in den grossen constructiven und systematischen Dialogen zu leisten gesucht, im „Philebos", in
dem metaphysischen Hauptstück der „Politeia" und im
„Timaios". Sie alle entfalten den Grundgedanken, dass
„das gesamte Werden um des gesamten Wesens willen
sei". Der Dualismus der Zweiweltenlehre soll überwunden,
die Einheit der Welt wiedergewonnen werden. Während
das religiöse Motiv in Platon's Denken, wie sich später
zeigen wird, jenen Dualismus verschärfte, drängte der
philosophische Zug seiner Natur auf die Seite der Ver-
söhnung, in der Richtung, dass auch das wahrnehmbare
Universum als erfüllt und beseelt von den Gestalten
der unsichtbaren Welt, als ein grosser zweckvoller Zusammenhang begriffen werden sollte. So gewann die
Ideenlehre eine sachliche Tiefe, die ihr erlaubte, das
Menschenleben und die Natur unter ein und demselben
Gesichtspunkte zu betrachten und zu verstehen.

Damit hing es nun zunächst zusammen, dass die Welt
des Wesens ihre Einheit in der Idee des Guten fand,
und durch die Art, wie sich ihr die übrigen Ideen unter-
ordneten, selbst schon zu einem teleologischen System
wurde. Die Idee des Guten ist, wie sie in der Republik
weihevoll geschildert wird, die Sonne in der Welt des
Unsichtbaren, der Quell alles Seins und alles Wissens:
so wie in der sichtbaren Erdenwelt alles lebt durch die
Wärme und erkennbar ist durch das Licht der Sonne, so
ist die Idee des Guten in der Wesenswelt die Ursache

des Seins und des Erkennens: aber diese Ursache ist nun eben nichts anderes als der Zweck. Denn die Idee des Guten-an-sich hat keinen anderen Inhalt: sie ist, wenn die Untersuchung, wie im „Philebos“ von der Betrachtung des menschlichen Willenslebens ausgeht, eben dessen Ziel; aber alles, was dabei als Inhalt angegeben werden kann, ist nur ein bestimmtes, einzelnes Gut neben andern Gütern. Der Begriff des Guten-an-sich ist lediglich der des absoluten Zwecks, also eine wesentlich formale Bestimmung.

Nur in dieser Verallgemeinerung kann die Idee des Guten auch als bestimmende Macht für die Welt des Werdens angesehen werden. Es ist der Begriff des Weltzwecks, der als Ursache alles Geschehens gedacht wird: und es liegt in der Natur der Sache, dass das „Gute“ nicht mehr inhaltlich definiert werden kann; denn es ist kein besonderer Zweck, sondern vielmehr der einheitliche und übergreifende Inbegriff aller Zwecke.[1])

Dies Verhältnis betont Platon in solchem Grade, dass sich ihm die gesamte Ideenwelt in die Idee des Guten zusammendrängt. Damit wird diese selbst zu einer Einheit, welche dem gesamten „Wesen“ (οὐσία) gleichgesetzt und danach schlechtweg als „die Ursache“ bezeichnet werden kann (im „Philebos“). Der Weltzweck wird gedacht als das System der Zwecke, die im einzelnen die besonderen Ideen ausmachen und als eine solche einheitliche Gesamtheit ist das „Wesen“ die Ursache des Werdens.

Das teleologische System der Ideenwelt hat Platon ebensowenig ausgeführt wie das logische: aber wir begreifen, dass, wenn er später auf das pythagoreische Zahlensystem verfiel, er das Gute als das Eine oder die

---

[1]) Es sei nicht versäumt, auf die Analogie aufmerksam zu machen, welche zwischen diesem Ergebnis und der Konsequenz des S. 93 Anm. erwähnten Versuchs besteht, für die logische Begriffspyramide einen absoluten und einfachen Abschluss in dem allerallgemeinsten Begriffe zu finden.

Eins bezeichnete, aus der sich zuerst die höhere Vielheit
der Ideen und dann die niedere Vielheit der Sinnendinge
entwickeln sollte. Das ist wenigstens, wie es scheint, die
sicher auf Platon selbst zurückzuführende Absicht der
dunklen Untersuchungen, die wir nur aus der Darstellung
und der Kritik des Aristoteles kennen und bei der es
namentlich zweifelhaft bleibt, welche Stelle den Zahlen
im Verhältnis einerseits zu den Ideen und andrerseits zu
den Erscheinungen zugewiesen werde. Jedenfalls lag darin, wenn auch in phantastischer Form, der Entwurf eines
grossartigen Entwicklungssystems vor, worin das unsichtbare und das sichtbare Universum aus einem einheitlichen
Zweckgedanken begriffen werden sollten. Das ist Jahrhunderte später die Aufgabe des Neuplatonismus geworden.

Als absoluter Zweck aber bedeutet das Gute den
„Sinn" der Welt und die in ihr waltende Vernunft (νοῦς).
Wenn Platon diese weitere Bezeichnung für das Gute (im
„Philebos") einführt, so lehnt er sich dabei gewiss an
Anaxagoras an, der ebenfalls den Namen für die Zweckmacht
im Unisersum von der zwecksetzenden Tätigkeit des Menschen hergenommen hatte. Aber in dem einem wie in
dem andern Falle muss man sich hüten, dem Ausdruck
die Bedeutung zu geben, als sei unter Vernunft dabei ein
denkendes Wesen, ein Geist zu verstehen. Bei Platon ist
vielmehr die Idee des Guten als Weltvernunft eine absolute Realität, die ihrerseits erst, wie in der „Politeia"
ausdrücklich gelehrt wird, „Sein" und „Erkennen" zweckvoll bestimmt und über beide hinausragt. So verlangt es
Platon's Auffassung, so schwierig auch die Ausführung des
Gedankens sein, ja ihm selbst gewesen sein mag.

Mit ähnlicher Vorsicht muss man endlich die Wendung behandeln, durch welche die Idee des Guten als
Gott bezeichnet wird. Bei der Bedeutung, die ihr durch
die erwähnten Bestimmungen für das gesamte Universum
zuerkannt war, wäre das unvermeidlich und dem Sprach-
gebrauch der Philosophen angemessen gewesen, auch wenn

nicht die religiöse Weltanschauung dahinter gestanden
hätte, von der Platon persönlich erfüllt war. Gewinnen
wir aber so in seiner Philosophie einen immateriellen
Monotheismus, so darf dieser doch nicht so aufgefasst
werden, als sei der „Gott" des platonischen Systems eine
geistige Persönlichkeit. Einer solchen Vorstellung liegen
die wissenschaftlichen Aufgaben, aus denen sich die Merkmale und Beziehungen der Idee des Guten bei Platon ergeben haben, so fern, dass es eine von vornherein schief
gestellte Frage ist, wenn man darüber streitet, ob der
Philosoph das Prädikat der Persönlichkeit der Gottheit
abgesprochen oder zugesprochen habe, ob sein Monotheismus pantheistischer oder theistischer Art gewesen sei. Das
sind Unterschiede, die erst das spätere Denken hervor-
getrieben hat, als durch die philosophische und die religiöse Entwicklung die Bedeutung der Persönlichkeit in
den Vordergrund getreten war.

So bedeuten denn in dieser Phase des teleologischen
Idealismus für Platon das Gute, das Eine, die Ursache,
die Vernunft und die Gottheit ein und dasselbe, — den
absoluten Weltzweck. Es ist das wichtigste Lehrstück
aller Wissenschaft (μέγιστον μάθημα), und nur seine Bezeichnung wechselt nach den verschiedenen Gegenständen
und Problemen, auf die es angewendet wird.

Wenn danach der „Philebos" in grossen Zügen die
teleologische Weltanschauung entwirft, so erhält sie ihre
besondere Färbung durch die Hinzunahme des mathematischen Moments. Hatte dies schon früh auf die Dialektik Einfluss geübt, so gewinnt es hier metaphysische
Bedeutung, indem es unter eleatische und pythagoreische
Gesichtspunkte gerückt wird.

Die Idee des Guten ist die Zweckursache der Erscheinungswelt, diese aber ist eine „Mischung" aus dem „Unbegrenzten" und der „Begrenzung (ἄπειρον und πέρας).
Dabei wird unter dem „Unbegrenzten" das Nichtsein der
Eleaten (μή ὅν) — der leere Raum verstanden. Er ist

die eine Voraussetzung der Sinnenwelt, er ist, wie es im
„Timaios" genauer bezeichnet wird[1]), „das worin etwas
geschieht" oder „das Aufnehmende" oder „die Bildsamkeit", die alle Gestalten annehmen kann und selbst keine
besitzt. Ihm gegenüber bedeutet die „Grenze" nichts
anderes als die geometrischen und stereometrischen Figuren,
und der Sinn der Lehre ist also der: die Körperwelt
ist geformter Raum, und ihre Formung geschieht durch
die Ideen als Zweckursachen. Das Wesenhafte in der
Sinnenwelt ist das Mass, durch das der Körper zur Erscheinung der übersinnlichen Idee wird. Es bedarf nur
des Hinweises darauf, wie nahe diese Auffassung dem innersten Wesen der griechischen Kunst steht.

Hieraus versteht es sich nun, weshalb die platonische
Philosophie auch sachlich einen so hohen Wert auf die
Mathematik legen musste: diese ist ja die Lehre vom
Mass, von den Zahlen und Formen, durch die der unendliche Raum zu einer Gestaltenwelt und damit zu einem
Abbild der Ideen wird. Die mathematischen Gebilde,
Zahlen und Figuren, sind also das Mittelglied zwischen
den Ideen und den wahrnehmbaren Körpern, sie sind wie
die ersteren ewig, unentstanden und unvergänglich, und
deshalb Gegenstand einer Vernunfterkenntnis; aber sie
sind nicht so „rein", so völlig immateriell wie die Ideen
selbst, sie haben als Raumformen etwas Sinnliches, Sicht-
bares an sich. Darum steht die Mathematik der Dialektik
nach, aber sie ist an Wissenswert der Wahrnehmung weit
überlegen, welche die einzelnen, wechselnden Körper zu
ihrem Gegenstande hat.

---

[1]) Im „Philebos" sind die Ausdrücke „Unbegrenzt" und „Begrenzung" in solcher Allgemeinheit gebraucht, dass sie auch auf Anderes als auf den Raum und die Figuren angewendet werden könnten.
In Platon's Schriften ist das nicht geschehen, wohl aber, wie es scheint,
in der späteren Zahlenspeculation. Denn bei dieser ist von einem
„Unbegrenzten" und einer „Begrenzung" auch in der Ideenwelt die
Rede gewesen.

Sehr eigenartig wird nun aber die Bedeutung des
Raums[1]) in der platonischen Metaphysik. Als das „Unbegrenzte" oder, wie Platon gern sagt, das „Grosse und
Kleine", das „Mehr und Minder", ist er völlig unbestimmt,
die reine Negation (στέρησις) und deshalb das „Nichtseiende", das weder durch Wahrnehmung noch durch
Denken, d. h. gar nicht erkannt werden kann. Die Vernunft erkennt Ideen und Formen, die Sinne fassen stets
schon geformten Raum auf: der Raum selbst, das absolut
Formlose, ist (so würde man jetzt sagen) ein Grenzbegriff,
der kein Gegenstand des Wissens sein kann. Was uns
zu seiner Annahme nötigt, ist die Unvollkommenheit der
Sinnendinge, ihre Unangemessenheit zu den Ideen. Diese
Unzulänglichkeit kann ihren Grund weder in den Ideen
noch in den mathematischen Formen haben — sie kann
nur auf dem „Unbegrenzten" beruhen. Deshalb bildet der
Raum neben der „Ursache" eine zweite Ursache, die
Nebenursache (συναίτιον), und deshalb muss diesem
„Nichtseienden" schliesslich doch wieder eine Wirklichkeit, ein wirkendes und gegenwirkendes Sein zuerkannt
werden. Und während die „Ursache" die Vernunft ist,
stellt sich die Nebenursache als Naturnotwendigkeit
(ἀνάγκη) dar.

Das ist nun die letzte Etappe, auf welche bei Platon
der Dualismus zurückgeschoben wird: er bedeutet hier,
dass für das Zweckmässige und das Zweckwidrige, für das

---

[1]) Das „Unbegrenzte" oder die „Bildsamkeit" ist von der späteren Litteratur, einem Ausdruck des Aristoteles zufolge, als Materie
(ὕλη) bezeichnet worden. Das ist jedoch völlig unzutreffend, sofern
unter Materie, wie es tatsächlich geschieht, eine stoffartige Realität
verstanden wird. Deshalb sind ausführliche Untersuchungen nötig gewesen, um zu der Einsicht zu führen, dass das, was Platon selbst als
„Bildsamkeit", was die traditionelle Auffassung als Materie bezeichnete,
in Wahrheit nichts anderes ist als der Raum. Unter diesen Umständen
aber ist es besser, den zu Missverständnissen unvermeidlich Anlass
gebenden Ausdruck „Materie" in die Darstellung der platonischen
Lehre überhaupt nicht erst einzuführen.

Gute und das Böse in der Welt zwei verschiedene Ursachen angenommen werden müssen. Mag die Idee noch
so sehr von den Erscheinungen nachgebildet werden, —
in ihnen steckt noch ein Anderes, Fremdes, das einen
anderen Ursprung haben muss. Überall in der Welt des
Werdens wirkt neben der ideellen Zweckursache eine
„Mitursache", ein Princip der Hemmung und des Wider-
standes. Daher gilt im „Timaios" die Welt, obwohl sie
zweckvoll zur Nachbildung der Ideen gebildet wird, doch
nur als „nach Möglichkeit" gut. Viel zu ernst und tief
fasste Platon (das zeigt sich erst recht in seiner Theologie)
die Dinge der Erdenwelt auf, als dass er daran gedacht
hätte, den Riss, der durch sie geht, den Gegensatz des
Vernünftigen und des Notwendigen, des Guten und des
Bösen zu vertuschen: dieser Gegensatz hat metaphysische
Bedeutung und bedarf zu seiner Erklärung einer metaphysischen Dualität. Nur des Guten Urheber, sagt Platon,
kann Gott sein: für das Schlechte muss eine andre Ursache gesucht werden. Und wo er in den „Gesetzen"
beweist, dass alles Geschehen in der Welt durch „Seelen"
als ursprünglich bewegende Kräfte erklärt werden müsse,
folgert er sogleich, dass mindestens zwei Seelen anzunehmen seien, eine gute und eine böse, die eine als die
Ursache des Guten, die andere als die des Bösen in der
Welt. —

Der metaphysische Höhepunkt, der in der Idee des
Guten erreicht ist, gestattet nun einen weiten und grossartigen Ausblick auf die gesammte empirische Welt, auf
das Menschenleben und auf die Natur: und indem beide
unter dem Gesichtspunkte betrachtet werden, dass sich in
ihnen jenes höchste Gut verwirklicht, geht die platonische
Lehre einerseits in die philosophische Ethik, andrerseits
in Naturphilosophie über.

Die Darstellung jener metaphysischen Lehre erscheint
in der Composition des „Philebos" als eine Vorunter-
suchung, nach der die Grundfrage des Dialogs entschieden

werden soll: was ist das Gute, das Ziel des Menschenlebens? Von vornherein nimmt dabei Platon seine Stellung über den gegensätzlichen Antworten, die diese Frage
vor ihm gefunden hat. Er lehnt die Lehre (des Aristipp),
dass die Lust das Gute sei, ebenso ab, wie die, welche
das Gute nur in der Einsicht (φρόνησις) suchte (wie es
Sokrates, Antisthenes und Demokrit, freilich mit verschiedener Färbung gethan hatten). Der Besitz des höchsten
Gutes muss glücklich machen, und das tut weder die Lust
allein noch die Einsicht allein. Dazu kommt, dass Lust
und Einsicht beide Gattungsbegriffe sind, die je eine
Mannigfaltigkeit verschiedener und verschiedenwertiger Zustände unter sich haben. So lässt sich von vornherein
übersehen, dass die Frage nach dem Inhalt des höchsten
Gutes für den Menschen keine einfache Antwort finden,
sondern auf ein System der Güter führen wird, die auf
der Beziehung des Menschen zu den verschiedenen Wertschichten der Wirklichkeit beruhen muss. Massgebend
wird dabei in letzter Instanz freilich immer die Teilnahme
an der Idee des Guten sein; aber auch alles dasjenige
wird zu einem Gut für den Menschen werden, was selber
an dieser Idee irgendwie seinen Anteil hat und sie zu
verwirklichen geeignet ist.

Die Durchführung dieses Gedankens, schon im „Symposion" angelegt und im „Philebos" mit feinsinnigster
Durcharbeitung eines reichen Stoffs erörtert, entwickelt
sich in glücklichster Weise an der Idee der Schönheit.
Ihr inniger Zusammenhang mit der des Guten war in dem
Begriffe der καλοκάγαθία gegeben, den Sokrates aus der
Lebensauffassung der athenischen Gesellschaft aufgenommen, vertieft und verfeinert hatte. Dazu kam, dass der
„philosophische Trieb", der für Platon eine zugleich
ethische und intellectuelle Erregung, Sehnsucht, Gestaltung und Erzeugung bedeutete, als Eros am Schönen sich
entzünden und auf das Schöne gerichtet sein sollte. So
galt, obwohl es begrifflich nie von Platon wörtlich aus-

gesprochen worden ist, doch das Schöne als die vornehmste
Form der Erscheinung des Guten in der Sinnenwelt. Der
Glanz des Schönen ist es, der zuerst und am mächtigsten
die Seele zum Staunen, zur Sehnsucht, zur Besinnung auf
die übersinnliche Idee erregt. Das Schöne ist das wertvollste und wirksamste Bindeglied zwischen der unsichtbaren und der sichtbaren Welt, der Ariadnefaden, der die
irrende Seele aus der Verworrenheit der körperlichen Gestalten hinaus- und emporleitet in die reine Höhe der
Wesenwelt.

In diesem Sinne hatte schon das „Symposion" den
Siegeszug der „Liebe" aus der Sinnenwelt in das übersinnliche Reich geschildert. An schönen Gestalten der
Körperwelt entzündet sie sich; aber sie sucht dahinter,
wenn sie die rechte Liebe ist, die Schönheit der Seelen,
die sich in Werken der Sittlichkeit, der Kunst und Wissenschaft, in Erziehung und politischer Tätigkeit entfaltet:
von da aber wendet sie sich der ganzen belebten Welt zu
und sucht die Spuren der Schönheit in aller Gestaltung
der irdischen Wirklichkeit und in der Vollkommenheit des
Sternenhimmels, — um so schliesslich zu jener reinen
Schönheit aufzusteigen, die in der übersinnlichen Welt
ihre Heimat hat.

Eine ähnliche Verschmelzung des aesthetischen Wohlgefallens mit dem ethischen zeigt nun die Reihenfolge
der Güter im „Philebos". Die gemeine Sinnenlust zunächst wird ausgeschlossen. Sie erwächst aus Begierden
und erzeugt Begierden; je heftiger sie ist, um so weniger
giebt sie dem Menschen ein beständiges Glück. Vielleicht
ist es ein Gedanke Demokrit's, den Platon verfolgt, wenn
er ausführt, dass ebenso wie die sinnliche Wahrnehmung
nur eine scheinbare, keine wahre Wirklichkeit erfasst, so
auch die Sinnenlust nur ein scheinbares, kein wahres Glück
gewährt. Andererseits scheint es gegen Demokrit gerichtet, wenn Platon es ablehnt, in der blossen Ruhe, in
der Indifferenz und Schmerzlosigkeit ein Gut anzuerkennen:

denn alles Gute muss das positive Gefühl des Wohlgefallens an sich tragen.

Ein solches nun zeigt sich ohne Verstrickung in die sinnliche Gemeinheit zuerst noch innerhalb der Sinnlichkeit selbst bei dem reinen, begierdelosen und deshalb auch schmerzlosen Wohlgefallen an schönen Empfindungen, bei Farben, Tönen und Formen: es sind die physiologischen Elemente des aesthetischen Genusses, die Platon dabei im Auge hat. Sodann gehört zu den Gütern alles was den Menschen befähigt, sich in der Sinnenwelt zu orientieren, sein empirisches Wissen und Vermögen, seine „richtigen Vorstellungen" und technischen Fertigkeiten. Daran soll sich drittens die vernünftige Einsicht schliessen, jene φρόνησις, die über das alltägliche Kennen und Können hinaus zum Bewusstsein der Gründe fortschreitet und sich darüber Rechenschaft zu geben weiss. Höher noch steht die harmonische Lebensgestaltung, das Durchdringen der irdischen Existenz mit dem Inhalt des Wesens und des Masses: und das höchste endlich ist die Teilnahme an diesem ewigen Wesen, an der Idee des Guten selbst. So ist das Ideal des Menschendaseins in Schönheit, Mass und Wahrheit beschlossen.

Das ist Platon's philosophische Ethik, — eins der echtesten und kostbarsten Erzeugnisse des griechischen Geistes. Sie strahlt jene Durchleuchtung des Sinnenlebens durch die Ideale der Schönheit und der Wahrheit aus, die in aller Dichtung und bildenden Kunst der Hellenen zu uns redet — sie ist gebunden unter das Mass und erfüllt von Harmonie. Deshalb hat Platon hier in voller Reife und auf der Höhe seines metaphysischen Denkens das Menschensein in reineren und lichteren Farben gesehen als in der theologischen Ethik, die er durch die Zweiweltenlehre zu begründen versucht hatte (vgl. unten cap. 5).

Zum Erwerb solcher Güter in ihrer aufsteigenden Reihe soll die rechte Erziehung den Menschen heranbilden: daher entspricht ihr auch im wesentlichen der

Gang der Erziehung, den Platon von der rechten Staatsleitung in der „Politeia" und mit geringen Modificationen
auch in den „Gesetzen" verlangt hat. Das Erste ist die
Gymnastik, die Ausbildung des Leibes, deren Aufgabe es
ist, seine Schönheit zu pflegen, herzustellen und zu erhalten und ihn zum gefügigen Organ der Seele zu machen.
Daran schliesst sich die „musische" Ausbildung, die Schulung der Seele von den elementaren Fertigkeiten des
Lesens, Schreibens und Rechnens, zur Beschäftigung mit
der Dichtung und vor allem mit der Musik: ihr Ziel soll
es sein, die Liebe zur Schönheit in die Seele zu pflanzen
als den Keim alles höheren Lebens. Das Dritte, wozu
schon nur die Befähigteren gelangen, ist die Beschäftigung
mit den Wissenschaften des Masses, den mathematischen,
worin die Einbildung der Ideen in das sinnliche Dasein
betrachtet wird, der Arithmetik, Geometrie, Stereometrie,
Astronomie und musicalischen Theorie. Das ist die Vorbereitung zu dem höchsten Wissen, der Dialektik, die ihre
Betrachtung auf die Idee des Guten selbst richtet. Sie
bleibt in der „Politeia" nur den auserwählten Herrschern
vorbehalten, während die „Gesetze" fast ganz darauf verzichten. Der Grundgedanke dieser Pädagogik bleibt der,
den Menschen vom Sinnlichen durch die Schönheit bis an
die Schwelle der unsichtbaren Welt und womöglich in sie
hineinzuleiten,

Charakteristisch für diese ausgleichende, harmonisie-
rende Stimmung des greisen Philosophen ist es auch, wie
in den spätesten Teilen der „Politeia" und noch mehr in
den Gesetzen der relative Wert der „richtigen Meinung"
und der darauf beruhenden gewöhnlichen Tugend anerkannt
wird: sie gelten nicht nur als das, womit es bei der grossen
Masse der Menschen immer sein Bewenden haben muss,
sondern auch für den zu Höherem Bestimmten als notwendige und unerlässliche Vorbereitung auf das dialektische
Wissen und die darauf begründete philosophische Tugend:
aus den Gegensätzen sind Entwicklungsstufen geworden.

Dies aber hängt mit der Art und Weise zusammen, in der Platon den Staat und das ganze menschliche Gemeinleben als eine Verwirklichung der Idee des Guten betrachten wollte: jedoch schlingen sich um die Ausführung dieses Gedankens so viel andre Motive, dass sie eine Darstellung für sich allein verlangt (cap. 6).

Den andern Flügel des metaphysischen Lehrgebäudes bildet die Naturphilosophie, welche zeigen soll, wie das physiche Universum durch die Idee als Zweckursache bestimmt ist. Sie ist im „Timaios" dargestellt und Platon legt Gewicht darauf, dass, weil es sich hier um die Welt als Werden handelt, die ganze Untersuchung nicht auf begriffliche Gewissheit Anspruch habe, sondern sich mit der Wahrscheinlichkeit von Ansichten (εἰκότες μῦθοι) bescheiden müsse. Trotzdem fühlt man heraus, wie wertvoll für seine persönliche Weltanschauung gerade diese „Ansichten" gewesen sind; sie werden zum grossen Teil sehr feierlich als Glaubensartikel vorgetragen, und nicht nur seine nächste Umgebung, darunter auch Aristoteles, sondern die ganze Philosophie der folgenden Jahrhunderte hat diese Ansichten durchweg als dogmatische Lehrstücke behandelt, ja sogar vielfach darin das Hauptsächlichste der wissenschaftlichen Leistung von Platon gesehen.

Letzteres hat sich daraus ergeben, dass der Philosoph, nachdem er einmal principiell für dies Gebiet die volle Strenge des dialektischen Wissens preisgegeben hatte, um so weniger Bedenken trug, der ganzen Darstellung ein theologisches Gepräge zu geben und seine Naturlehre in der Form einer Schöpfungsgeschichte vorzutragen. Dies macht zum nicht geringen Teile den Reiz des Werks und seine ästhetische Wirkung aus: um so vorsichtiger müssen wir sein, wenn wir zunächst nur den philosophischen Inhalt herausheben wollen, der in der theologischen Einkleidung steckt.

Auch hierin knüpft Platon an ältere Theorien an. Der „Timaios" entwickelt seine prinzipielle Stellung mit

deutlicher Anspielung auf den Gegensatz der Weltbildungs-
lehren von Demokrit und Anaxagoras. Von seiner
metaphysischen Auffassung her erklärt sich Platon zunächst
für die Ansicht, dass die Welt aus dem ungeordneten Ur-
zustande zu ihrer zweckmässigen Gestaltung durch die
„Vernunft" gelangt sei, und er sucht daraus zu folgern,
dass ein solches zwecktätiges Princip nur die beste, d. h.
nur eine, die möglichst vollkommene Welt habe bilden
können, sodass die (atomistische) Annahme einer endlosen
Vielheit zufällig entstandener Welten ausgeschlossen sei.
Und ebenso lehnt er die mechanistische Erklärung in der
Ueberzeugung ab, dass dies eine, einzige Weltall ein in
sich harmonisches und zweckmässiges Lebewesen, ein voll-
kommener Organismus sei. Mit grosser Feierlichkeit
wird am Schluss des Werkes dieser Grundgedanke wiederholt, und der Philosoph ist sich offenbar völlig darüber
klar, welch ein neues Princip er damit in die griechische
Naturwissenschaft einführt. In der Tat hat durch ihn und
durch seinen grossen Schüler Aristoteles die teleologisch-
organische Auffassung des sichtbaren Universums für zwei
Jahrtausende abendländischer Wissenschaft den Sieg da-
vongetragen.

Die Lebendigkeit aber vermag Platon nur als Beseeltheit zu denken, und so kehrt seine Naturansicht in
gewissem Sinne zu den ursprünglichen Volksmeinungen
und religiösen Vorstellungen zurück, welche die ionischen
Naturphilosophen überwunden hatten. In diesem Sinne ist
der „Timaios" ein wesentliches Lehrstück aus Platons
Theologie; ja, es ist dasjenige Werk, in welchem der
Denker am meisten seine theologischen und seine philosophischen Gedanken in einander gearbeitet und zu einer
völligen Ausgleichung zusammenzuschmelzen versucht hat.
Am deutlichsten ist dies eben am Begriffe der Seele und
an der geschickten Verwebung, womit im „Timaios" das
allgemeine naturphilosophische Princip der Seele in die
theologische Vorstellung der Menschenseele übergeführt wird.

8*

Jenes allgemeine Princip nun entwickelt sich folge-
richtig aus den metaphysischen Grundlagen des teleologischen Idealismus und trifft mit der populären Vorstellung von Leben und Beseeltheit ungezwungen zusammen.
Zwischen dem Sein oder den Ideen und dem Nichtsein
oder dem Raum bilden die mathematischen Formen eine
Vermittlung in sozusagen statischem Sinne insofern, als sie
die dauernde Art und Weise darstellen, worin der Raum
zur Nachahmung der Ideen gestaltet wird: da aber die
Körperwelt, worin dies geschieht, das Reich des Entstehens und Vergehens, des ewigen Werdens ist, so bedarf es noch eines dynamischen Zwischengliedes,
eines Princips der Bewegung, und das ist der alten
Vorstellung nach eben die Seele. Sie ist die Ursache der
Bewegung, dasjenige was sich selbst bewegt und damit
auch den Leib zu bewegen vermag, sie ist eben damit
auch das Princip des Lebens.

In dieser Bedeutung als bewegende Kraft oder Lebenskraft ist die Seele selbst ein Bewegliches und Lebendiges
und gehört zur Welt als Werden; aber sie ist darin das
„Erste", das Ursprüngliche und das Wertvollste: nicht sie
ist aus den Körpern, sondern die Bildung und Bewegung
der Körper ist aus ihr zu erklären. Im „Phaidros" kurz
berührt, wird diese Lehre im „Phaidon" gegen die materi-
alistische Behauptung, die Seele sei nur ein Zusammenspiel, eine „Harmonie" des Leibes verteidigt und sodann
dem dialektischen Beweise für die Unsterblichkeit der
Seele zu Grunde gelegt. In den „Gesetzen" wird sie mit
grossem Nachdruck gegen den materialistischen Atheismus
in's Feld geführt.

Neben dem Merkmal der ursprünglichen Bewegung
hat aber der Begriff der Seele schon in der populären
Auffassung noch ein anderes: das Bewusstsein. Und
der Zusammenhang beider Merkmale ist bei Platon, wie
auch sonst in der griechischen Vorstellung, z. B. bei Demokrit, der, dass im Bewusstsein die Bewegung „geschaut",

d. h. innerlich wiederholt und nachgebildet wird. So ist die Erkenntnis in der Seele nur das „Bemerken" ihrer Bewegung. Für diese Verknüpfung spricht aber in Platon's Naturlehre auch ihre metaphysische Voraussetzung: schon im „Philebos" ist angedeutet, dass die „Vernunft", die als Gott oder Weltzweck ein objectives Princip ist, zur Ursache des Geschehens, zur weltgestaltenden Tätigkeit nur dadurch werden kann, dass sie „Seele" hat, d. h. in Bewusstsein übergeht.

Wenn deshalb im „Timaios" die gesamte sichtbare Welt als ein grosses, einheitliches Lebewesen betrachtet werden soll, so kann sie dies Leben nur der Seele verdanken, die das Princip zugleich der Bewegung und des Bewusstseins ist: und so verlangt die platonische Naturphilosophie den Begriff einer einheitlichen, das gesamte Universum belebenden, bewegenden und vorstellenden Weltseele.

Die Zwischenstellung, die dieser gebührt, zeigt sich nun in den beiden Momenten, aus denen Platon sie „gemischt" denkt, dem Einfachen und dem Teilbaren, dem Identischen (ταὐτόν) und dem Veränderlichen (θάτερον). So ist die Weltseele als „Einheit in der Mannigfaltigkeit" auf der einen Seite mit dem ewig sich gleich bleibenden Wesen der Idee und auf der andern Seite mit dem steten Wechsel der Erscheinungen verwandt. Deshalb ist in der sichtbaren Welt überall Gleichmässigkeit mit Veränderlichkeit gepaart. Die Seele teilt der Welt eine gleichförmige und eine veränderliche Bewegung mit, und diesen beiden Bewegungen in ihr entsprechen die zwei Arten des Bewusstseins oder der „Erkenntnis": das Wissen, das auf das Gleichmässige, und die Wahrnehmung, die auf das Veränderliche geht. So erfahren schliesslich die Principien der Dialektik auch eine naturphilosophische Auswertung.

Bis hierher ist Platon's Lehre von der Weltseele begrifflich consequent und durchsichtig: nun aber gewinnt sie einen phantastischen Anstrich dadurch, dass sie mit jenem anderen Princip in Verbindung gesetzt wird, das im „Philebos" zur Vermittlung zwischen der Idee und der Erscheinung eingeführt worden war, der mathematischen „Begrenzung". Die Weltseele soll nicht nur das Princip aller Bewegung und aller Erkenntnis, sie soll auch der Inbegriff der mathematischen Ordnung des Weltalls sein. Die Beschreibung ihrer Bildung, Einteilung und Bewegung wird deshalb im „Timaios" zu dem Entwurf von Platon's astronomischer Weltansicht. Die beiden, schief gegen einander gestellten Kreise, der Äquator und die Ekliptik, sollen dem „Identischen" und dem „Veränderlichen" entsprechen, dem ewig unveränderten Umschwung der Fixsterne und dem wechselnden Umlauf der „Planeten", Mond, Sonne, Venus, Mercur, Mars, Jupiter, Saturn.

Sieht man dabei von den dunkeln und wunderlichen Constructionen ab, wodurch die Verhältnisse im einzelnen bestimmt werden sollen, so ist das platonische Weltbild in den Hauptzügen dies: der Kosmos ist eine Kugel, die alles Wirkliche umfasst; in der Mitte, fest um die Axe geballt, ruht die Erde ebenfalls als Kugel, um sie bewegen sich in dem einen Kreise die Planeten, in dem andern der Fixsternhimmel. Dessen Bewegung erfolgt in vier und zwanzig Stunden von Ost nach West; als äusserste Sphäre umspannt er die Kreise der Wandelsterne und nimmt sie in seiner Bewegung mit, während sie zugleich noch ihre eigene Bewegung von West nach Ost ausführen. Hierauf beruhen die Aberrationen, die rückläufigen Bewegungen und ähnliche Erscheinungen der Wandelsterne. Aus solchen Voraussetzungen erwuchs das astronomische Hauptproblem der platonischen Schule: welche einfachen und gleichförmigen Bewegungen man auch für die Wandelsterne annehmen und wie man sie combiniert denken müsse, um die scheinbaren Unregelmässigkeiten ihres Umlaufs zu erklären. Es wird sich kaum sicher feststellen lassen, wieweit Platon mit Rücksicht auf diese Aufgabe

die im „Timaios" vorgetragene Auffassung später ausge-
bildet oder modificiert hat — ob er der Epicyklentheorie
näher getreten ist, die zu seiner Zeit Eudoxos aufstellte
und die später ihre verwickelte Ausführung durch Kallippos
und Aristoteles finden sollte, — oder ob er mehr auf die
Erörterungen der Pythagoreer einging, bei denen damals
die Vorstellung von der Axendrehung der Erde auftauchte
und schon die Ahnung von der Bewegung um die Sonne
sich regte.

Die Gesamtbewegung des Weltalls ist die Zeit, die
„mit der Welt geschaffen" ist und durch den Umlauf der
Gestirne gemessen wird.   Daher könnte eigentlich von
einem der Welt vorhergehenden Zustande nicht geredet
werden; aber eine genaue Antwort auf die neugierige
Frage, ob die Welt in der Zeit einen Anfang habe, wird
man bei Platon nicht finden, wohl aber die um so energischer betonte Behauptung, dass sie ein „immer lebendes"
unvergängliches Ding sei.   In ihrem Umschwung muss
daher schliesslich immer wieder eine Constellation eintreten, die einer als anfänglich angenommenen genau
gleich ist.   Den Zeitraum, der dazu erforderlich ist, bezeichnet Platon als das „volle Weltjahr" und bestimmt
es gelegentlich auf 10 000 Erdjahre.

Das Wichtigste · in der ganzen Lehre ist die Grundvorstellung, dass alles einzelne Geschehen in der Welt
zweckvoll durch das Gesamtgeschehen bestimmt ist, und
darin besteht die charakteristische Eigenart dieser organischen Weltbetrachtung gegenüber der mechanistischen,
welche, wie es am schärfsten in Demokrit's Weltbildungs-
lehre zu Tage getreten war, den Gesamtumschwung eines
Weltsystems als das Ergebnis all der einzelnen Bewegungs-
antriebe betrachten wollte, die von den zusammengeratenen
Atomen mitgebracht würden.

Der Weltseele analog, aber in absteigender Vollkommenheit sind nun die einzelnen Seelen gebildet, die
das Lebensprincip für die einzelnen Organismen darstellen.

Die vornehmsten darunter sind die Gestirnseelen, die
sichtbaren Götter: sie teilen ihren leuchtenden Leibern,
die aus Feuer gebildet sind, nicht nur die vollkommensten
Bewegungen im Weltraum, die kreisförmigen, sondern auch
die Bewegung um sich selbst mit, und sie sind auch die
Träger der höchsten Vernunfterkenntnis. Schwieriger,
phantastischer und widerspruchsvoller wird die Darstellung
des „Timaios", wenn sie zu den niederen Seelen der
Menschen, Tiere und Pflanzen übergeht. Auch diese
sollen ursprünglich dem Himmel angehört haben, aus ihm
aber auf die Erde verpflanzt und dazu bestimmt sein, nach
mancherlei Wandelungen und Wanderungen in jene Heimat
zurückzukehren. So vielfach dabei ethische und religiöse
Motive mitspielen, so ist doch hervorzuheben, dass dies
Schwärmen der Seelen durch die Welt hier, wo es sich
um die naturphilosophische Darstellung handelt, in der
Hauptsache als eine Ordnung des Ganzen, als ein Welt-
gesetz, als eine in dem Leben des Kosmos begründete
Notwendigkeit erscheint.

In diesem Rahmen werden endlich die besonderen
Fragen der Physiologie und der Pathologie behandelt.
Platon benutzt sehr eingehend die Kenntnisse und die
Theorien der Naturforschung seiner Zeit: als seine Quellen
werden wir neben Demokrit die sog. jüngeren Physiologen
und die ihnen nahe stehenden Ärzte anzusehen haben.
In das Detail können wir ihm hier nicht folgen; es sei
nur hervorgehoben, dass namentlich in der Physiologie der
Sinnesorgane jene Correspondenz der Bewegung und der
Wahrnehmung entwickelt wird, die in dem Princip der
Weltseele begründet war, auf diesem Gebiete aber durch
Demokrit's Zurückführung der qualitativen Differenzen der
Wahrnehmung auf quantitative Differenzen der Reize
erläutert werden durfte.

Allein die Körperwelt hat ausser der „Ursache", deren
zweckmässige Wirksamkeit durch die Seele als Bewegung
und Wissen zur Erscheinung kommt, auch noch die „Mit-

ursache", den Raum. Er ist die Voraussetzung für die
begrenzten Gestalten, die in der Bewegung zu Stande
kommen und andrerseits ihr Substrat bilden: die Unterschiede zwischen ihnen haben zwar den Sinn und den
Zweck, die Ideen zu verwirklichen; sie sind aber in ihren
Grundlagen durch das Wesen des Raums und seine stereometrische Formbarkeit gegeben. Aus diesen Motiven ist
Platon's Lehre von den Elementen zu verstehen.

Er übernimmt von Empedokles die bekannte, dem
populären Bewusstsein bis heute geläufige Vierzahl: Erde,
Wasser, Luft und Feuer; aber er sucht sie auf zwei verschiedenen Wegen constructiv zu begründen, einmal
dialektisch-teleologisch, und das andere Mal geometrisch.
Da die Welt wahrnehmbar, d. h. sichtbar und tastbar sein
sollte, so bedurfte sie des lichten und des festen Elements,
des Feuers und der Erde. Zwischen beiden aber musste
es vermittelnde Übergänge geben, und zwar, da es sich
um stereometrische Verhältnisse handelte, zwei mittlere
Proportionale: deshalb verhält sich das Feuer zur Luft
wie diese zum Wasser, und wiederum die Luft zum
Wasser wie dieses zur Erde. Wenn man in diesen künstlichen Combinationen nur insofern Sinn finden kann, als
dabei etwa an die abgestuften Verhältnisse der Aggregat-
zustände gedacht wird, so ist die andere Vorstellungsart
um so deutlicher. Sie geht auf die pythagoreische
Elementenlehre und ihre Benutzung der einfachen, regelmässigen stereometrischen Figuren zurück. Auch Platon
behauptet, die Form des Feuers sei das Tetraeder, die der
Luft das Oktaeder, die des Wassers das Ikosaeder, die der
Erde der Kubus. Dem fünften unter den regelmässigen
Körpern, dem Dodekaeder, entspricht bei Platon kein
Element; bei Philolaos war es der Äther gewesen, den als
das Element der siderischen Welt später Aristoteles wieder
aufgenommen hat. Dieser Ausschluss des Äthers, bezw.
des Dodekaeders hängt damit zusammen, dass Platon nur
diejenigen Körper als elementar anerkennen wollte, deren

Begrenzungsflächen sich aus rechtwinkligen Dreiecken
zusammensetzen lassen, also entweder Quadrate oder gleich-
seitige Dreiecke sind. Die ersteren bestehen aus (vier
resp. zwei) gleichschenkligen rechtwinkligen Dreiecken,
die letzteren aus (sechs bezw. zwei) rechtwinkligen Dreiecken, deren Hypotenuse zweimal so gross ist als die
kleinere Kathete.[1]) Platon ging nämlich von der Voraussetzung aus, dass die Körper aus nichts anderm als aus
solchen ihren Begrenzungsflächen ähnlichen Flächen bestehen, und so lehrte er, dass die Körper aus Dreiecks-
flächen zusammengesetzt seien. Damit also fiel ihm der
physicalische Körper mit dem mathematischen zusammen,
geradeso wie es in der neueren Philosophie bei Descartes
der Fall ist. In beiden Lehren soll danach der wirkliche,
wahrnehmbare Körper, der zugleich der Träger der Bewegung ist, seinem wahren Wesen nach nichts anderes
sein als ein begrenztes Stück des Raumes. Für Platon
war das die unausweichliche Consequenz der metaphysischen Grundlage, welche er seiner Physik im „Philebos"
gegeben hatte. Die Körperwelt ist der zur Nachbildung
der Ideen geformte Raum.

An Stelle der Atome also, welche Demokrit als das
wahrhafte Seiende (ἐτεῇ ὄν) der Erscheinungswelt zu Grunde
gelegt hatte, setzt Platon einfache, unteilbare Dreiecks-
flächen von bestimmten Grössenverhältnissen der Seiten
und der Winkel. Die mathematischen Beziehungen sind
es, vermöge deren der Raum, das Nichtseiende, die relative
Wirklichkeit gewinnt, die er als Körperwelt für die Wahrnehmung besitzt. Der so zusammengesetzte einzelne
Körper kann durch die Bewegung in seine Elemente zersetzt werden, sodass diese eine neue Verbindung einzugehen
im Stande sind, und so erklärt sich Platon die empirische

---

[1]) Es mag im Sinne der arithmetischen Bedeutung der plato-
nisch-pythagoreischen Geometrie darauf hingewiesen werden, dass im
ersteren Falle sich die Kathete zur Hypotenuse wie $1 : \sqrt{2}$, im zweiten
die kleinere zur grösseren Kathete wie $1 : \sqrt{3}$ verhält.

Verwandlung der Elemente in einander. In solchen Vor-
gängen entfaltet sich die Naturnotwendigkeit (ἀνάγκη), die
„Mitursache" für die Welt des Werdens. Ihre hauptsäch-
liche Bedeutung suchte Platon — und hiermit dürfte er
sachlich wiederum Demokrit gefolgt sein — darin, dass
jedes der vier Elemente seinen ihm bestimmten Ort in dem
geordneten Zusammenhange des Weltalls habe und dass
deshalb seine natürliche und notwendige Bewegung durch
die Richtung auf diesen Ort bestimmt sei. So erklärte er
sich das, was in der populären Auffassung die Richtung
der Schwere genannt wird: und damit machte Platon von
neuem auch die mechanische Bewegung der Körper von
dem lebendigen und einheitlichen Zusammenhange des
ganzen Kosmos abhängig.

V. Der Theologe.

Platon's Philosophie, wie das vorige Kapitel sie darstellt, entwickelte sich im folgerichtigen Zusammenhange
aus den Voraussetzungen, die sie in dem ganzen Umfange
der hellenischen Wissenschaft vorfand. Zur Tugend bedarf es eines andern Wissens als des alltäglichen der
Wahrnehmung: aber der Begriff ist nur dann Wissen,
wenn er in einer andern, einer höheren, unkörperlichen
Welt seinen eignen Gegenstand hat; und dieses ewig
gleiche Wesen ist doch zuletzt nichts anderes als der Sinn
und die Vernunft, die dem wechselvollen Werden der
Körperwelt zwecktätig zu Grunde liegt. So reich und
mannigfaltig die Fragen sind, von denen die Dialoge ausgehen, und die Gegenstände, die sie behandeln, so gruppieren sich doch alle um jene einfachen und durchsichtigen
Grundgedanken.

Allein deren Darstellung ist nun fast durchgängig mit
anderen Gedanken durchflochten, die der bloss begrifflichen Entwicklung fremd sind und nicht nur dem Vor-
trage, sondern auch den Lehren selbst eine eigenartige
Färbung geben: sie nötigen zu der Annahme, dass neben
dem ethischen und dem intellectuellen noch ein anderes
Motiv für die Ausbildung der platonischen Weltanschauung
bestimmend gewesen ist.

Besonders deutlich tritt dies bei den sog. Mythen
hervor, und man hat von jeher gefühlt, dass in ihnen ein
merkwürdiger, eigner Erklärung bedürftiger Bestandteil
der platonischen Werke vorliegt. Im allgemeinen ver-
laufen die Dialoge in der Form begrifflicher Untersuchungen, die mehr oder minder streng geschlossen sind und
alle Interessen des griechischen Vorstellungskreises, ins-

besondere Kunst und Geschichte, gelegentlich berühren: aber mitten dazwischen, und z. T. an entscheidenden und hervorragenden Stellen, auf dem Höhepuncte oder am Schluss der Untersuchung, erscheinen Erzählungen, die in buntem und anmutigem Schmuck der Rede märchenhafte und mythologische Motive, wie es zunächst scheint, mit frei gestaltender poetischer Phantasie zur Ausmalung des Gegenstandes benutzen.

Die Bedeutung dieser Mythen hat viel Kopfzerbrechen gemacht, zumal, da man meistens glaubte, alle solche ästhetisch ja besonders reizvollen Stellen nach demselben Princip erklären zu sollen. Das ist jedoch nicht angängig. Bald ist der Mythos nur eine Art herodotischen Fabulierens, wie im „Phaidros" die Historie von Teuth dem Buchstabenerfinder, — bald ist er nichts als ein breit und reich ausgeführtes Bild, das nicht als solches (wie das bekannte Höhlengleichnis in der Republik), sondern als Erzählung behandelt ist, z. B. der ein hesiodisches Motiv variierende „Mythos" von den drei Menschenarten in der Republik; — bald bringt der Mythos eine Allegorie wie im Kleinen das feine Geschichtchen von den Cicaden im „Phaidros" oder in grossen Zügen die mit allen Mitteln der Phantasie ausgeführte Dichtung, womit im „Symposion" Aristophanes das Wesen des Eros schildert[1]). In allen solchen Fällen ist das Mythische der Hauptsache nach schriftstellerisches Mittel; aber neben der künstlerischen Belebung und Veranschaulichung bemerken wir doch auch bei den meisten noch einen Zug des Geheimnisvollen und Feierlichen, der auf ernstere Hintergründe deutet. Dies Moment aber steigert sich bei den eigentlichen und hauptsächlichen „Mythen", deren Inhalt sich nicht aus dem Bildlichen in's Begriffliche umsetzen lässt. Hier wird meistens angenommen, dass Platon bei solchen Gegen-

---

[1]) Ähnlich verhält es sich mit dem Mythos über die ethischen Grundgefühle im „Protagoras", falls hier nicht auch die mythische Form von dem Sophisten selbst stammt.

ständen, die sich dem begrifflichen Wissen entzogen, die
dichterische Phantasie in der Richtung seiner Annahmen
und Überzeugungen frei habe walten lassen. Solche Gegenstände aber seien für die Ideenlehre, die mit ihrer Dialektik auf das bleibende Sein gerichtet ist, alle Fragen
des Geschehens, des Vergangenen namentlich und des Zukünftigen: daher erkläre sich denn z. B. auch der Dialog,
der vom Ursprung der Körperwelt handelt, der „Timaios",
durchweg für mythisch.

Das ist nicht unrichtig, trifft aber den Hauptpunkt
nicht. Alle die eigentlichen und wertvollen Mythen, die
auf Vergleiche und Allegorien nicht zurückzuführen sind
— sie finden sich im „Menon", im „Gorgias", im „Phaidros", im „Symposion", im „Phaidon" und am Schluss
der „Politeia" — treffen in zwei entscheidenden Merk-
malen zusammen: erstens führen sie sich als „alte Sagen"
und als „Offenbarungen" ehrwürdiger Seher und Seherinnen
von priesterlicher Ehrwürdigkeit ein; und zweitens bewegen
sie sich alle in ein und demselben Vorstellungskreise
und beziehen sich auf ein und dieselbe Frage: auf das
Geschick der Menschenseele im Jenseits vor und
nach dem irdischen Leben. Das deutet unverkennbar
darauf hin, dass diesen Mythen nicht nur im allgemeinen
ein religiöses Motiv zu Grunde liegt, sondern dass es sich
in ihnen um die Vertretung der religiösen Lehren
einer bestimmten Secte handelt.

Denn die Vorstellungen von einer ursprünglichen
Zugehörigkeit der Menschenseele zu einer höheren, unsichtbaren Welt, von ihrer sündigen Verirrung in den Leib
und ihrer Reinigung und Erlösung aus allem körperlichen
Wesen bilden das Grundthema aller dieser Mythen. Diese
Vorstellungen aber waren weit entfernt, ein ursprüngliches
Gemeingut der hellenischen Religion zu sein. Wie die
letztere uns in den homerischen Gedichten entgegentritt,
weiss sie im Allgemeinen von solcher Trennung der Seele
und des Leibes nichts und kennt auch keine meta-

physische Geschichte der Seele: selbst die „Schatten" sind nur die abgeblassten, leblosen Doppelgänger der ganzen leiblich-seelischen Persönlichkeiten.

Der Gedanke dagegen, dass die „Seele" als ein fremdes Wesen in den Leib fährt und aus ihm wieder ausfährt, dass sie aus höheren Regionen in ihn gebannt ist und aus ihm wieder erlöst werden soll, um dahin zurückzukehren — diesen Gedanken hat erst die dionysische Religion nach Griechenland gebracht. Als ein wilder Dienst des neuen Gottes ist sie, wie es scheint, aus dem thrakischen Norden hereingebrochen und hat wie ein Rausch und Taumel die Hellenen, besonders die weibliche Bevölkerung ergriffen. Unwiderstehlich riss — so lässt es uns Euripides miterleben — der göttliche Wahn (μανία) auch die Widerstrebenden mit sich zu dem nächtlichen Schwarmdienst, wo bei betäubendem Lärm und wilder Sinnenerregung die „Bakchen" durch die Berge und Haine schweiften — ausser sich; denn sie hatten ihre Seele mit dem Gott getauscht, er wohnte in ihnen, sie waren ἔνθεοι und dieser „Enthusiasmus", diese „Ekstase" war der selige Zustand, die Befreiung von der alltäglichen Gefangenschaft der Seele im Leibe.

Der delphische Apollon-Kult hat diese fiebernde Volksbewegung in sich aufgenommen, gebändigt und abgeklärt: in den orphischen Mysterien aber entwickelten sich jene Vorstellungen, die dabei dunkel und phantastisch zu Grunde lagen, allmählich zu deutlicheren Lehren. Die Menschenseele ward zum Daemon; ursprünglich göttlicher Natur, gehörte sie der unsichtbaren Welt der Geister an, die überall in der sichtbaren Welt schweifen und schwärmen, zu gewissen Zeiten aber mit dem Gott als ein wildes Heer die Länder durchrasen. Der menschliche Leib ist für einen solchen Daemon ein Grab und ein Gefängnis: durch seine Schuld ist er darin und daran gefesselt. Deshalb aber wird der Dienst des Gottes zur Erlösung: durch geheimnisvolle Weihen soll die schuldige Seele entsühnt

werden; der Cultus hat die Reinigung (κάθαρσις) der Seele
zu seinem Inhalt, auf dass sie dereinst wieder aufsteigen
könne zu den lichten Höhen ihrer Heimat, wo die Götter
in ewiger Reinheit wohnen.

Solche Lehren erstarkten während des sechsten Jahrhunderts in Griechenland überall, und als ihre Vertreter
erscheinen die Weih- und Sühnepriester, die man in grossen
Volksnöten herbeiruft, um die bösen Dämonen zu be-
schwören: unabhängig von der Staatsreligion, die kein
Dogma kannte, breiteten sich diese Secten aus, in deren
Kult und Lehre die Sorge um das Geschick der Seele den
Mittelpunkt bildete. Je heisser die religiöse Inbrunst war,
die sich dabei entfaltete, um so grösser war die Gefahr,
die darin für das intellectuelle Leben der Griechen lag,
die Gefahr einer dogmatischen Erstarrung. Da ist es denn
die Grosstat der ionischen Naturforscher gewesen, dass sie
das Nachdenken über die „Natur der Dinge" von dem
religiösen Triebe freizumachen, den kosmogonischen Vorstellungen das poetische und mythologische Gewand abzu-
streifen und die Erkenntnis der Welt nur auf Beobachtung
und Überlegung zu gründen unternahmen. Sie haben damit dem griechischen Geiste die Freiheit gewahrt, durch
die er zum Lehrer aller folgenden Völker geworden ist.

Aber neben der Wissenschaft erhielten sich in den
dionysischen Secten als Glaubenssätze jene Lehren, in
denen das religiöse Erlebnis des entsühnenden Enthusiasmus, der erlösenden Verzückung seinen theoretischen Ausdruck gefunden hatte — zwei starke geistige Strömungen,
die neben einander herliefen nicht ohne sich feindlich zu
berühren, aber auch nicht ohne streckenweise friedlich mit
einander zu gehen. Es ist von jeher aufgefallen, dass
Männern wie Pythagoras und Empedokles Aussprüche zu-
geschrieben werden, welche mit den wissenschaftlichen
Principien, deren Vertreter sie in der Geschichte der
Philosophie sind, nicht nur in gar keinem Zusammenhange
stehen, sondern bei genauerem Nachdenken unvereinbar

erscheinen: alle solche Aussprüche aber bewegen sich in dem Vorstellungskreise der orphisch-dionysischen Seelenreligion, deren nahe Beziehung zu den pythagoreischen Kultgenossenschaften ausser Frage steht.

Und das ist nun die eigenartige Stellung, welche Platon in der Geschichte des griechischen und damit des abendländischen Denkens einnimmt, dass er diese beiden Strömungen in ein Bett geleitet hat. Die Weltanschauung, die er auf dem Wege wissenschaftlicher Untersuchung als das Gesamtergebnis aller bisher aufgestellten Theorien gewann und begründete, war derartig, dass in ihrem Rahmen die Dogmen der dionysischen Seelenlehre Platz fanden und als notwendig sich daraus ergebende Folgerungen erschienen. Platon macht also den Versuch, religiöse Dogmen philosophisch zu begründen oder wenigstens als möglich und „wahrscheinlich" gelten zu machen: und in diesem Sinne ist er der erste Theologe. Seine Methode ist dabei die, den gedanklichen Inhalt jener Seelenlehre der Dialektik anzugleichen und ihn in die Zweiweltenansicht der Ideenlehre hineinzudeuten. Wenn so das Wesentliche der religiösen Vorstellung wissenschaftlich begründet erscheint, darf er im „Mythos" die anschaulich lebendige Form hinzufügen, welche die Gedanken, sei es in der Gemeinde und ihrem Kult, sei es in seiner frei mit diesem Stoffe schaltenden Phantasie angenommen hatten.

Mit typischer Durchsichtigkeit ist diese Methode der platonischen Theologie besonders im „Phaidon" gehandhabt: die philosophische Interpretation richtet sich hier nicht, wie später bei Philon, auf religiöse Urkunden — solche gab es damals in Griechenland noch nicht —, wohl aber auf traditionelle, in der Festlegung begriffene Lehren und Anschauungen der Gemeinde: und eben darin besteht das specifisch Theologische bei Platon. Deshalb aber dürfen wir auch annehmen, dass sein lebhaftes, in der bestimmten Richtung dieser Secten in Anspruch genommenes religiöses Interesse stark bei der Herausarbeitung

der philosophischen Anschauung mitgewirkt hat, welche
zur wissenschaftlichen Assimilation der dionysischen Seelenlehre geeignet war, — der Theorie von den beiden Welten.
Denn nun verstehen wir erst ganz die Bedeutung,
welche die Welt des ewig gleichen, unkörperlichen und
unsichtbaren Wesens für Platon besass: sie war nicht bloss
der übersinnliche Ort der Ideen und der reinen Gestalten, sondern auch das Reich der Götter und Dämonen, aus dem die Menschenseele stammte, aus dem sie
hinabgestiegen war in den Leib, dem sie aber doch dauernd angehörte, in das sie hinausschwärmte im Taumel
bakchischer Begeisterung und in das sie nach ihrer Reinigung erlöst zurückkehren sollte. Und andrerseits läu-
terte der Theologe die religiöse Vorstellung zum wissenschaftlichen Begriff: aus der Geisterwelt ward ihm eine
Geisteswelt, das Reich Gottes, der Vernunft, der Zwecke
und der Ordnung. Das unsichtbare Weben und Schweben
der Dämonen verwandelte sich in die Welt der Werte, in
die lichte Sphäre der Idee des Guten. Man sieht leicht,
welch eine vermittelnde und ausgleichende Rolle hier das
Merkmal des „Unsichtbaren" spielt, das Platon an verschiedenen Stellen in diesem Sinne wirksam verwendet
hat. Jene reine Welt der Ideen und der Geister ist ihm
der wahre „Hades".
Erfuhr aber die Ideenwelt diese theologische Um-
deutung, so fielen dadurch mit einem Schlage alle die
Schwierigkeiten dahin, welche in der dialektischen Behandlung dem metaphysischen Postulat einer Ursächlich-
keit des Wesens in Bezug auf das Werden entgegen-
standen, und so konnten die Dogmen der orphischen
Kosmogonie, welche Zeus als vernünftige Persönlichkeit
zum Weltbildner erhoben hatten, in eine wissenschaftliche
Form gebracht werden. Nichts anderes enthält principiell
der „Timaios", in dessen phantasievoller Darstellung philosophische und theologische Ansicht auf die merkwürdigste
Weise in einander spielen. Die Tätigkeit und Wirksam-

keit, welche die Ideen nach der dialektischen Bestimmung
der Zweiweltenlehre eigentlich nicht besitzen durften,
erscheint hier personificiert in dem weltbildenden Gotte,
dem Demiurgen. Er, der „gute" Gott, soll im Hinblick
auf die ewig ruhenden Urbilder, die Ideen, die Welt aus
dem „Nichts" geschaffen, d. h. aus dem Raum gebildet
haben: er hat ihr die Seele und damit Leben, Bewusstsein und mathematische Ordnung gegeben und Alles in
ihr so gut als es möglich war, d. h. als es die „Mitursache", der Raum, gestattete, eingerichtet. Er hat auch
den „sichtbaren Göttern", den himmlischen Sternseelen,
und dem ganzen niedern Geschlecht der Dämonen und
Seelen ihre Tätigkeit und Wirkungsweise bestimmt. So
ist das Unsichtbare die „Ursache" des Sichtbaren geworden.
Die philosophische Lehre des „Philebos" hat sich in eine
theologische Schöpfungsgeschichte umgesetzt, die das kos-
mogonische Dogma mit Hilfe der Begriffe der Dialektik
und der Theorien der Naturforschung zur wissenschaftlichen Ausführung zu bringen sucht.

Noch viel charakteristischer jedoch drängen sich die
verschiedenen wissenschaftlichen Interessen Platon's um
den Begriff der Seele zusammen, der das Centrum der
dionysischen Religionslehre bildete. Hier werden zwei
Begriffe von sehr verschiedenem Inhalt und Umfang zur
Deckung und dadurch eine theologische Lehre zu stande
gebracht, die zwischen dem philosophischen Princip und
der religiösen Vorstellung beständig herüber und hinüber-
schillert. In Platon's Metaphysik ist die „Seele" die Lebenskraft im allgemeinsten Sinne des Worts, die Ursache
selbständiger Bewegung und der Träger des Bewusstseins,
in der Weltseele nicht anders als in der Seele eines jeden
besonderen Organismus, — als solche, wie wir sahen, ein
Mittelding zwischen dem „Wesen" und dem „Werden",
worin sich das teleologische Verhältnis beider verwirklicht.
In dem Dogma der Dionysosreligion dagegen ist die „Seele"
die individuelle Persönlichkeit, das dämonenhafte

9*

Einzelwesen, das, als ein Fremdling aus der höheren Welt, im Menschenleibe wohnt, mit ihm leidet und sündigt und aus ihm zurückstrebt zu der unsichtbaren Heimat. So reden Philosophie und Dogma von der ψυχή, aber sie reden eigentlich in ganz verschiedenen Sprachen von ganz verschiedenen Dingen: die eine von den Ursachen der zweckmässigen Erscheinungen des Lebens in der ganzen Weite der Welt, — das andre von der Menschenseele und ihrem Bangen um ihr ewiges Heil. Und diese beiden Bedeutungen des Worts lässt Platon, wo er als Theologe die religiöse Lehre wissenschaftlich begründen will, unmerklich in einander übergehen, — ein Kunststück, das er, nicht bewusst und absichtlich, sondern im Drange seiner innersten Überzeugungen, am vollkommensten im „Phaidon" und im „Timaios" ausgeführt, aber schon programmatisch im Beginne des grossen Phaidros-Mythos verkündet hat.

Deshalb ist Platon's Psychologie, deren Darstellung vielleicht im vorigen Kapitel vermisst worden ist, keine philosophische Doctrin und erst recht keine empirische Untersuchung, sondern ein theologisches Lehrstück, und zwar das wichtigste von allen. Denn die volle Bedeutung dieses Verhältnisses kommt erst darin zu Tage, dass, wie wir vorgreifend bemerken wollen, diese theologische Psychologie der Grundriss ist, auf dem Platon seine socialpolitische Theorie aufgebaut hat.

Charakteristisch für diese Psychologie ist das Schwanken zwischen zwei Richtungen: nach der einen soll der Seele, dem philosophischen Begriff gemäss, eine Zwischenstellung zwischen den beiden Welten und damit eine Doppelseitigkeit ihres eigenen Wesens gewahrt bleiben; nach der andern Seite soll die Seele, der religiösen Vorstellung gemäss, als einheitliches Wesen dem höheren Reiche angehören. Der letztere Gedanke wird im „Phaidon" durch den Mittelbegriff des „Unsichtbaren" eingeführt. Wenn wir, heisst es dort, davon ausgehen, dass es eine Welt des Unsichtbaren und Unveränderlichen und eine Welt des Sichtbaren und Veränderlichen giebt und darauf die Unterscheidung von Seele und Leib prüfen, so ist klar, dass der Leib zum Sichtbaren und Wechselnden gehört, die Seele aber, die ja „nicht zu sehen" (οὐχ ὁρατόν) ist, zum Unsichtbaren (ἀειδές): und so finden wir denn auch, dass die Seele, wenn sie sich ganz auf sich selbst besinnt, in sich die Erkenntnis der Ideen entdeckt und darin unveränderliche Ruhe und Einheit besitzt, wenn sie dagegen durch den Leib erkennen will, in die Unruhe und den Taumel der Wahrnehmungen, in den Wechsel der Meinungen verfällt. So ist offenbar die Seele dem Unsichtbaren „am ähnlichsten". Mit unverkennbar vorsichtiger Ausdrucksweise sucht Platon hier die Verschiedenheit der beiden Seelenbegriffe zu verschleiern und die Seele ihrem eigensten Wesen nach in die höhere Region zu weisen, sodass sie durch die Berührung mit dem Leibe in diesem ihrem eigensten Wesen getrübt und entstellt wird.

Andrerseits hat jedoch auch das theologische Denken Anlass, in das Wesen der Seele selbst eine Beziehung zur Sinnenwelt zu setzen, und diesem Motive folgt Platon wenn er die Seele als ihrer Natur nach in verschiedenwertigen Gestaltungen (εἴδη) betätigt darstellt. Der naturphilosophische Begriff der ψυχή enthielt eine Mischung aus dem Gleichförmigen und dem Veränderlichen: diesem theoretischen Gegensatze entsprach in dem theologischen Begriffe ein ethisch-religiöser.

Am glücklichsten hat ihn Platon in einer Stelle der „Politeia" an dem sittlichen Ideal der Selbstbeherrschung (ἑαυτοῦ κρείττω εἶναι) entwickelt. Es erinnert an die dialektischen Schwierigkeiten, die in der neueren Philosophie durch den Begriff des Selbstbewusstseins als des sich selbst zum Object habenden Subjects oder der sich selbst zuschauenden Tätigkeit hervorgerufen worden sind, wenn Platon an jener Stelle zeigt, es müsse, um den Widerspruch zu beseitigen, angenommen werden, dass in der

Seele etwas Beherrschendes und etwas Beherrschtes, etwas
Besseres und etwas Schlechteres enthalten sei: das Vernünftige (τὸ λογιστικόν) und das Vernunftlose. Aber die
weitere Ueberlegung zeigt, dass auch in dem Vernunftlosen
noch wieder eine Wertscheidung gemacht werden muss.
Wenn die Selbstbeherrschung einen Sieg der Vernunft
über die Triebe bedeutet, so ist sie nur dadurch möglich,
dass es unter den Trieben edlere giebt, die sich der Vernunft willig fügen, während andre ihr dauernd entgegen-
gesetzt sind. Innerhalb des Vernunftlosen ist also wiederum
zwischen dem Edleren und dem Unedleren zu unterscheiden:
jenes nennt Platon das Muthafte (τὸ θυμοειδές), dieses das
Begehrliche (τὸ ἐπιθυμητικόν). Das Verhältnis zwischen
diesen drei Betätigungsweisen der Seele, der vernünftigen,
der muthaften und der begehrlichen, hat Platon sehr glücklich im Phaidros-Mythos symbolisiert: das Bild der Seele
ist ein Zwiegespann mit seinem Führer. Der Wagenlenker
st „das Vernünftige"; von seinen beiden Rossen ist das
edlere „das Muthafte", das dem Führer folgend nach oben
strebt, das unedlere dagegen „das Begehrliche", das wider-
spenstig nach unten drängt.

Diese Dreiteilung der Verhaltungsweisen der
Seele muss man nicht auf eine Einteilung der Seelen-
tätigkeiten beziehen, wie sie in der wissenschaftlichen
Psychologie seit Aristoteles üblich ist. Bei Platon haben wir
es mit einer zunächst ethischen Construction zu tun, welche
auf eine Wertunterscheidung der Arten des menschlichen
Wollens oder der sittlichen Lebensrichtungen hinausläuft.
„Das Vernünftige" strebt nach Weisheit, „das Muthafte"
nach Ehre und Macht, „das Begehrliche" nach Genuss und
Besitz. So scheiden sich die Menschen je nach dem
Masse, wie ihr Streben auf eines der drei grossen Güter
gerichtet ist: Weisheit, Ehre und Geld; sie sind φιλόσοφοι
oder φιλότιμοι oder φιλοχρήματοι. Es sind Charaktertypen, die
Platon im Auge hat: und so sollen sich auch die Völker
unterscheiden, wenn bei den Hellenen die Liebe zur Weis-

heit, bei den kriegerischen Stämmen des Nordens das
Muthafte, bei den üppigen Südländern die Genusssucht
überwiegt.

So geistreich und ansprechend diese Betrachtung an
sich ist und so glücklich sie Platon in seiner Gesellschafts-
lehre zu verwenden gewusst hat, so schwer ist es ihm —
er sagt es in der „Politeia" selbst — geworden, sie theo-
retisch mit dem Begriff der Seele als einfacher Individualität, als religiöser Persönlichkeit in Einklang, zu bringen.
Das formale Problem, wie das Einfache (μονοειδές) zugleich
ein Vielgestaltiges (πολυειδές) sein soll, verschärft sich durch
die sachliche Schwierigkeit, wie das Verhältnis der an sich
unkörperlichen Seele zum Körper gedacht werden soll.
Wenn jede Menschenseele (und so ist es im „Phaidros"
und in der „Politeia" gemeint) alle drei Richtungen, nur
immer in besonderer Mischung, in sich haben soll, so liegt
ja in ihrem Wesen eine Beziehung auf das Körperliche;
denn die beiden niedern Formen, das Muthafte und das
Begehrliche, sind auf Güter der sichtbaren Welt gerichtet.
Daher erscheint im „Phaidros" die Seele schon in ihrer
vorirdischen Existenz mit der sinnlichen Neigung behaftet,
und das unedle Ross zieht sie zur Erde hinab, wo sie im
Menschenleibe geboren wird. Dementsprechend nimmt im
„Phaidon" die Seele, wenn sie im Tode aus dem Leibe
ausfährt, auch ihre sinnliche Begierde und irdische Leidenschaft mit, und wenn diese noch stark genug sind, so
halten sie die Seele an der Erde fest nnd zwingen sie
schliesslich wieder in einen irdischen Leib zu fahren.

Das war consequent, wenn die Seele, wie es der
„Phaidon" betont, als einheitliche Persönlichkeit gedacht
wurde: aber es war unvereinbar mit der Vorstellung von
der an sich unkörperlichen, im Körper nur als fremder
Gast wohnenden Seele. Die beiden Merkmale des theologischen Seelenbegriffs stiessen hart und unvereinbar auf
einander. Das scheint Platon später auf den Gedanken
gebracht zu haben, jene drei Verhaltungsweisen (εἴδη) aus-

drücklich als Teile (μέρη) aufzufassen, aus denen die
„Seele" des Menschen im Erdendasein zusammengesetzt
sei, die aber dann auch wieder trennbar sein müssen. So
lehrt er im „Timaios" und verlegt dabei die einzelnen
Teile in den Kopf, in die Brust und in den Unterleib.
Als die wahre, die eigentliche Seele, als „der innere Mensch
im Menschen", wie Platon an andrer Stelle sagt, erscheint
dann die Vernunft, und die beiden andern Teile, das Muthafte und das Begehrliche, wachsen ihr nur während des
Erdenlebens als entstellende Hüllen an, um später von der
geläuterten Seele wieder abzufallen. Wenn jedoch diese
Auffassung dem Merkmal der Reinheit und Unkörperlich-
keit im Begriffe des Seelendämons genügend Rechnung
trug, so kam dabei, weil die „Vernunft" in allen dieselbe
ist, das andre Moment, dasjenige der individuellen Persönlichkeit, zu kurz.

Dieselben unlösbaren Schwierigkeiten des theologischen
Seelenbegriffs zeigen sich nun in der für das dogmatische
Interesse so wichtigen Lehre von der Unsterblichkeit.
Die Seele ist ein Dämon, göttlichen Wesens, und die
Götter sind die Unsterblichen, die Ewiglebenden; so ist
auch das Leben der Seele unabhängig von dem vergänglichen irdischen Körper, sie hat vor ihm gelebt und sie
wird ihn überleben. Das war das neue Dogma der
Dionysosreligion, an dem vor allem die Annahme der
Präexistenz der Seele vor dem irdischen Leben am
fremdartigsten in die griechische Vorstellungswelt eindrang.
Lässt doch Platon einen gebildeten Athener zu Sokrates
sagen, davon habe er noch nie etwas gehört. Platon selbst
dagegen hält das Lehrstück für so wichtig, dass er nicht
nur häufig darauf eingeht, sondern auch ihm bekanntlich
einen ganzen Dialog, den „Phaidon" gewidmet hat, um die
wissenschaftlichen Beweise für das Dogma beizubringen.

Diese Beweise gehen nun wieder entweder von dem
philosophischen Seelenbegriffe oder von dem theologischen
aus, der natürlich in dem Dogma allein gemeint ist. Im

ersteren Falle leiden sie deshalb an dem Mangel des Zu-
vielbeweisens. So ist es, wenn im „Phaidros" die These
„jede Seele ist unsterblich" durch den Gedanken begründet
werden soll, dass das Princip der Bewegung keinen Anfang und kein Ende haben könne. Wäre das Argument
richtig, so träfe es jede „Seele" im naturphilosophischen
Sinne des Worts, also auch jede Tier- und Pflanzenseele.
Dasselbe gilt von dem dialektischen Hauptbeweis im
„Phaidon". Das Leben ist das wesentliche Merkmal der
Seele; kein Begriff aber kann das contradictorische Gegenteil seines wesentlichen Merkmals zur Eigenschaft haben;
folglich schliesst die Seele das Gegenteil des Lebens, den
Tod, aus. Daraus folgt nun zunächst nur die Binsen-
wahrheit, dass die Seele, sofern und solange sie existiert,
nur lebendig und nie tot sein kann: Platon aber folgert
daraus, indem er den Ausdruck ἀϑάνατον (zu deutsch genau
„was den Tod ausschliesst") mit dem der Unvergänglich-
keit (ἀνώλεϑρον) gleichsetzt, die „Unsterblichkeit" im popu-
lär-theologischen Sinne des Worts. Gesetzt aber nun auch,
dieser Fehlschluss wäre richtig, so träfe er wiederum die
„Seele" in der allgemeinen Bedeutung als Lebenskraft
und nicht als religiöses Subject.

Um im letzteren Sinne überzeugend zu sein, müsste
für beide Beweise die Identität der beiden Seelenbegriffe,
des philosophischen und des theologischen, hinzugenommen,
d. h. es müsste vorausgesetzt werden, dass auch die niederen Seelen — wenigstens die der Tiere, wenn nicht
auch der Pflanzen — ihrem Wesen und Ursprung nach
dämonisch, d. h. mit den Menschenseelen gleichartig seien.
In der Tat finden sich Anzeichen, dass Platon (vielleicht
mit den Orphikern) diese paradoxe Konsequenz gezogen
hat. Sie führt auf die — im „Timaios" angedeutete —
Lehre, dass die Zahl der „Seelen" beschränkt sei und dass
die einmal geschaffenen auf der Wanderung durch alle
Organismen des Kosmos begriffen seien.

Eine ähnliche Annahme drängt sich bei dem Gedanken-

gange auf, mit dem die Beweise des „Phaidon" beginnen.
Mit Benutzung heraklitischer Sätze wird hier gezeigt, dass,
wie aus den „Lebenden" die „Toten" werden, so auch
die „Lebenden" aus den „Toten" geworden sein müssen.
Dabei muss man es in Kauf nehmen, dass unter
„Leben" die Existenz im Menschenleibe, unter „Totsein"
dagegen von vorn herein die jenseitige Existenz verstanden
wird: im Ganzen soll die Vorstellung begründet werden,
dass „Leben" und „Totsein" — in diesem Sinne — abwech-
selnde Existenzformen der in all dem Wechsel beharren-
den Seelen seien. Gilt das nun zunächst als Beweis der
Präexistenz der Seele vor dem irdischen Leben (aus der
dann die Postexistenz durch Analogieschluss folgen soll),
so wird der Beweis hinsichtlich der geistigen Identität der
Seelen durch die Berufung auf die Lehre von der ἀνάμνησις
(dass alles dialektische Wissen Erinnerung sei) ergänzt,
und damit erst handelt es sich um die Präexistenz, bezw.
um die Unsterblichkeit des geistig-persönlichen
Seelenwesens.

Dabei liegt die Sache, was den „Beweis" anlangt, in
Platon's Schriften so. Im „Menon" war die Frage, wie
der Mensch zu einem Wissen kommen könne, das aus den
Wahrnehmungen seines irdischen Lebens nicht zu gewinnen
ist, mit einer noch problematischen Berufung darauf beantwortet worden, dass in religiösen Dingen erfahrene
Leute der Meinung seien, die Seele des Menschen sei unsterblich, sie habe schon vor der Geburt mancherlei erlebt
und erschaut, und sie könne sich nun wohl darauf wieder
gelegentlich besinnen. Darauf folgte im „Phaidros" mit
unmittelbarer Beziehung auf die göttliche Erleuchtung
(μανία) die grosse und grundlegende Offenbarung: die Seelen
sind unsterblich; sie sind dereinst mit den Göttern auf-
gefahren, um die Welt der reinen Gestalten zu schauen.
Aber sie sind schwach und das Begehrliche in ihnen ist
stark geworden. Deshalb haben sie Menschen werden
müssen, und wenn nun der Anblick des irdisch Schönen

in ihnen die Erinnerung an jene reine Schönheit erweckt, die sie am himmlischen Orte geschaut, so regt sich in ihnen die Sehnsucht, der philosophische Trieb.

In diesem theologischen Zusammenhange verstehen wir noch einmal, was Platon's Lehre vom ἔρως bedeutet. Die Seele ist göttlicher Natur und hat die reinen Gestalten der unsichtbaren Welt dereinst mit ihrem geistigen Wesen geschaut: wenn sie jetzt in ihrer begrifflichen Einsicht sich jenes ersten Schauens entsinnt, so ist die Liebe, die ringende Sehnsucht, die sich ihrer dabei bemächtigt, nichts anderes als das Heimweh der Seele nach ihrem überirdischen Ursprung, nach dem göttlichen Leben, das ihr dereinst zu teil wurde: es ist der Schmerz, womit der gefallene Dämon zurückstrebt in das verlorene Paradies seines reinen und wahren Wesens.

Auf diese Offenbarungen beruft sich nun der „Phaidon", um zu zeigen, dass die Ideenlehre mit der Annahme, alles Wissen sei „Erinnerung", stehe und falle, und dass sie deshalb die Präexistenz der Seele vor dem leiblichen Leben unbedingt voraussetze. Daran knüpft sich dann der weitere Beweis, dass die Fähigkeit der Menschenseele, die Idee in ihrer Reinheit und Einheit zu erfassen, ihre Verwandtschaft mit dem Unsichtbaren und Unvergänglichen dartue. Der Mensch ist unsterblich, weil er das Ewige, das Unsichtbare sich in seiner Erkenntnis zu eigen machen kann: und seine Seele beweist, dass sie höheren und edleren Wesens ist, dadurch, dass sie, weit entfernt, ein Ergebnis körperlicher Bewegungen zu sein, vielmehr als selbständiges Wesen den Körper regiert und von seinen Antrieben sich frei zu machen, seinen Begierden selbständig entgegenzuwirken vermag. So versucht Platon, das dionysische Dogma von der Unsterblichkeit der Menschenseele aus den Principien der Ideenlehre abzuleiten.

Allein die Schwierigkeiten, die sich für die Bestimmung des Wesens der Seele aus ihrer philosophischen und theologischen Doppelnatur ergaben, setzen sich nun auch bis in diese Lehren fort und spitzen sich in der Frage zu, was denn nun an der Seele „unsterblich“ sei. Im „Phaidon“ wie im „Phaidros“ und auch in der „Politeia“ wird die ganze Seele in ihrer metaphysischen Einheit sowohl als präexistierend als auch als postexistierend gedacht: es ist das dämonische Einzelwesen, das alle seine Zustände und seine wechselnden Verbindungen mit irdischen Leibern überdauert. Heisst es doch in der „Politeia“ mit populärer Gelegenheitswendung, die Unsterblichkeit der Seele gehe schon daraus hervor, dass sie an ihrer eignen (sittlichen) Verderbnis nicht zu Grunde gehe: um wie viel mehr müsse sie gegen jedes von aussen kommende Verderben gefeit sein! Wo dagegen, wie im „Timaios“, die „Vernunft“ als der höhere Seelenteil von den niederen realiter geschieden gedacht wird, da ist er, während die andern mit dem Leibe vergehen, der allein unsterblich überlebende: er wird das „Göttliche“ (τὸ θεῖον) genannt, die vergänglichen Teile dagegen zusammen „das Sterbliche“ (τὸ θνητόν). Aber das ist dann eben, wie schon oben bemerkt, nicht mehr eine individuelle und persönliche Unsterblichkeit, und damit fällt die Lehre in sich selbst zusammen.

Denn der Zweck und die Bedeutung der Unsterblichkeitslehre liegt selbstverständlich in den Folgen, die sich daraus für das Geschick der Seele im zukünftigen Leben ergeben. Und hierin hat nun Platon den grossen Schritt getan, diesen Vorstellungen ein durchweg ethisches Gepräge zu geben. Die Mysteriendienste lehrten in dieser Hinsicht eine Art von Werkheiligkeit: der aus der unsichtbaren Geisterwelt in den Menschenleib verirrte Dämon soll durch den religiösen Kult gereinigt, entsühnt und erlöst werden; aber die Mittel dazu sind die rituellen Formen des Gottesdienstes. Sie haben eine Zaubergewalt, die sich an jedem, der sie erfüllt, unabhängig von seiner inneren Qualification, bewähren muss. Das ist eine allen ursprünglichen Formen des religiösen Lebens gemeinsame Auffassung. Sie hat offenbar auch die dionysischen Secten

anfangs durchaus beherrscht: aber sie konnte dem Philosophen, der aus der Schule des Sokrates kam, nicht genügen. Er gab ihr eine ethische Bedeutung, und wenn
er darin auch vielleicht schon an den Orphikern und sicher
an Pythagoras und den Pythagoreern in gewissem Sinne
Vorgänger gehabt hat, so ist doch seine Stellung in diesen
Dingen die, dass er in viel eindringlicherer und wirk-
samerer Weise von seiner philosophischen Überzeugung
her die dionysische Religion auf eine sittliche Höhe ge-
hoben hat, die sie vor ihm nicht besass: er führte der
Lehre vom Geschick der Seele in ganzer Ausdehnung das
Princip der sittlichen Verantwortlichkeit und Vergeltung zu. So gab der Philosoph der Religion zurück,
was er von ihr empfangen hatte: und wenn wir annehmen
dürfen, dass seine Mythen über das Leben nach dem Tode
zum Teil die Vorstellungen benutzen, die in jenen Secten
überliefert wurden, so hat er sie andrerseits mit seinem
sittlichen Idealismus durchsetzt und umgestaltet und ist
dadurch zu einem religiösen Reformator geworden.[1]
Die Mythen, worin Platon diese Lehren vorträgt,
können selbstverständlich, was den sinnlichen und anschaulichen Apparat anlangt, den sie verwenden, auf buchstäbliche Wahrheit keinen Anspruch machen: dazu sind sie
schon zu mannigfach und mit einander unvereinbar.
Derselbe Grundgedanke erscheint in sehr verschiedener
bildlicher Einkleidung; Platon verschmäht es nicht, in
ein und demselben Dialoge (im „Phaidon") zwei völlig
disparate Schilderungen von dem Zustande der Seele nach
dem Tode zu geben; ja, er trägt kein Bedenken, gelegentlich solche Scherze dabei zu machen, wie die schalkhafte
Behauptung im „Timaios", Astronomen, die, an der sinnlichen Auffassung haftend, die wahre Theorie verschmähten,

---

[1] Es bleibe nicht unerwähnt, dass die Ethisierung der überlieferten Religion eine allgemeine Erscheinung jener Zeit ist. Sophisten
und ihre kynisch-stoischen Nachfolger vollzogen sie an der Staatsreligion, Platon an dem dionysischen Erlösungskult.

würden   später   einmal   in   Vögel   verwandelt   werden.
Dennoch gilt für ihn überall, dass zwar die sinnlich-
buchstäbliche Wahrheit des Mythos nicht behauptet werden
könne, aber doch die Überzeugung feststehe, „es müsse
sich ungefähr so verhalten“, und an einer Stelle spricht er
es sogar direct aus (im „Gorgias“), dass, was der Leser
für einen Mythos halten werde, das Totengericht, für ihn
begriffliche Wahrheit (λόγος) sei.

So ist es vor allem nicht im allegorischen, sondern
im eigentlichsten Sinne zu verstehen, wenn das unsterbliche Leben der Seele sich bei Platon als Seelen-
wanderung darstellt. Diese Vorstellung entsprach dem
Wesen der dionysischen Religion am meisten: der Gott
zieht mit den schwärmenden Dämonen durch die Welt,
und im orgiastischen Taumel nimmt der Geweihte verzückt
daran Teil, um den Fesseln des Leibes entrückt zu werden.
So schweift die Seele von Leib zu Leib in ewiger Unruhe,
und die Seligkeit, die als höchstes Ziel der religiösen Inbrunst vorschwebt, besteht darin, dass die Seele endlich
aus dem Elend dieser Wanderungen erlöst und in die unsichtbare Heimat zurückgenommen werde.

Platon schildert im „Phaidros“ mit glänzender Phantasie den Zug des Seelenschwarms, wie er im Gefolge der
Götter zu dem himmlischen Orte auffährt. Aber die
Bannung in den Menschenleib wird bei ihm durch den
Abfall der Seelen verwirkt: ihr Schauen ist zu schwach,
und das Begehrliche in ihnen zu stark, als dass sie nicht
aus der reinen Höhe zur Erde niedersinken sollten. So
werden sie durch ihre Schuld Menschen, und je nach dem
Masse dessen, was sie aus der Ideenwelt zu schauen ver-
mocht haben, in absteigender Linie Philosophen, Könige,
Staatsmänner, Ärzte, Wahrsager, Dichter, Handwerker,
Sophisten oder Tyrannen — eine für Platon's praktische
Lebensauffassung höchst charakteristische Wertung der
Berufe und Stände.

Im „Timaios“ sind die Seelen anfänglich den Sternen

zugeteilt und werden, nachdem sie dort die Herrlichkeit
der Welt geschaut, in den inneren Kosmos gesandt, um
ihn zu beleben: dies wird zwar hier nicht als Strafe für
einen Fall, sondern als göttliche Lebensordnung betrachtet;
aber das weitere Geschick der einzelnen wird dann wieder
von ihrer sittlichen und intellectuellen Leistung abhängig
gemacht. Bei der ersten Geburt werden sie alle Männer,
bei den weiteren aber je nach ihrer Unwürdigkeit Weiber,
Vögel, Landtiere und Wassertiere: und so werden sie alle
ewig nach ihrer Weisheit und Torheit ausgetauscht und
verwandelt.

Immer wird bei dieser Wanderung der Seelen durch
die Welt jedes folgende Leben als die Vergeltung, als
Lohn oder Strafe für die intellectuelle und sittliche
Führung in dem vorhergehenden Leben betrachtet. Im
„Phaidon" wird (im ersten Mythos) diese Neugeburt als
eine natürliche Notwendigkeit durch Ähnlichkeiten der
menschlichen Charaktere mit Tiertypen dargestellt: die
Schlemmer fahren in Esel, die Gewalttätigen in Wölfe oder
Geier, die Philisterseelen in Bienen und Ameisen oder
wieder in schlichte Spiessbürger. An andern Stellen dagegen, wie im „Gorgias", am Schluss des „Phaidon" und
der „Politeia", wird mit allen Mitteln erregter Phantasie
das Totengericht geschildert. Da werden die Unver-
besserlichen zu ewigen Strafen hinabgestossen, die Sünder,
an denen noch nicht alle Hoffnung verloren ist, durch
Schrecken und Qualen gebessert, andere, die sich leidlich
im Rahmen bürgerlicher Rechtschaffenheit gehalten, zu
neuer Prüfung in's Menschenleben gesendet, und nur die
„Philosophen", die in der wahren Einsicht auch das Heil
der Seele erfasst haben, dürfen in das Lichtreich der
Götter eingehen. So fehlt es nicht an Hölle, Fegefeuer
und Himmel, und der „Phaidon" bietet den ganzen bunten
Apparat einer phantastisch unklaren Kosmographie auf, um
alle die Stätten der Strafe und des Lohns, der Prüfung
und der Läuterung mit stark aufgetragenen Farben zu

schildern. · Wie weit dabei und an ähnlichen Stellen
Bilder aus dem Mysterienkult verwendet und poetisch aus-
geschmückt werden, lässt sich im einzelnen nicht bestimmen.

Im „Phaidros" und in der „Politeia" werden auch die
Weltzeiträume bestimmt, für welche die Seelen zur
Wanderung und sühnenden Läuterung verurteilt sind:
sie schwanken zwischen 1000 und 10 000 Jahren. Dabei
scheint die Vorstellung obzuwalten, dass nach Ablauf des
grossen Weltjahres alle Seelen, auch die, welche darin zur
Seligkeit gelangt waren, die Wanderung von neuem an-
treten müssen. Sie haben dabei nach eigner freier Entscheidung das Erdenlos zu wählen, mit dem sie den Kreis-
lauf wieder beginnen wollen.

So mischen sich auch in den Mythen die metaphysischen und die ethisch-religiösen Motive: die Wanderung der Seelen ist zum teil durch die Weltordnung,
zum teil durch ihre eigne Schuld bestimmt: und diese
Schuld wiederum wird bald in einer dem einzelnen Erdenleben vorhergehenden und es in seinem sittlichen Wert von
vornherein bestimmenden Wahlentscheidung, bald in der
Führung des vorhergehenden Erdenlebens gesucht. Welt-
gesetz und persönliche Verantwortung, Schicksal und
Freiheit entscheiden über des Menschen Leben und Leiden.
Mit feinen und tiefsinnigen Andeutungen ziehen sich diese
Probleme durch die schimmernde Bilderreihe der Mythen
hin und bleiben als grosse Rätsel dahinter stehen, die nur
die Anschauung zu ahnen, aber der Begriff nicht zu gestalten vermag.

Auf diesen Glaubenssätzen von der übersinnlichen
Natur der Seele, von ihrer Unsterblichkeit und ihrer
Sühnewanderung durch die Welt beruht nun auch Platon's
theologische Ethik, wie sie hauptsächlich im „Phaidon"
vorgetragen und sonst nur im „Gorgias" und im „Theaetet"
gelegentlich angedeutet wird. Sie steht mit der sittlichen
Lebensansicht, die sich im „Symposion" und im „Philebos"
auf den Grundlagen der Dialektik und der teleologischen

Metaphysik aufbaut (vgl. oben S. 109 ff.), in einem schroffen und unvereinbaren Widerspruche. Sie vertieft und verschärft den Dualismus, der in jener harmonisierenden Auffassung ausgefüllt und versöhnt werden sollte. Dieser Gegensatz kann nicht geleugnet, er kann aber auch nicht durch die Annahme verschiedener Entwicklungsstufen Platon's begreiflich gemacht werden. Es wäre nicht zu sagen, welches der frühere, welches der spätere Standpunct gewesen sein sollte. Wir haben allen Anlass zu glauben, dass der „Phaidon" zeitlich zwischen das „Symposion" und den „Philebos" fällt, dem letzteren aber nicht sehr fern steht. Es bleibt daher nur übrig anzunehmen, dass es sich hier um einen unausgeglichenen Gegensatz in Platon selbst, um einen Widerspruch, den er nicht zu überwinden vermochte, handeln muss: es ist kein andrer als der des philosophischen und des theologischen Denkens.

Denn für das letztere kann nun allerdings unter Voraussetzung jener Glaubenssätze die Erdenwelt mit allen ihren Gütern und insbesondere der Menschenleib mit allen seinen Bedürfnissen nur als ein zu besiegendes Hemmnis, als ein zu bekämpfender Feind betrachtet werden; eine Fessel, die gesprengt werden, eine Hülle, die abgestreift werden soll. Ist die göttliche, unkörperliche Seele, gleichviel ob durch Schicksal oder Schuld, in dieses Jammerthal und in diesen unreinen Körper gebannt, so kann ihre Aufgabe nur sein, sobald wie möglich sich davon zu befreien und in ihre unsichtbare Heimat zurückzukehren. Die Moral dieser Theologie muss weltverneinend und weltflüchtig, düster und asketisch sein. Dass Platon, der griechische Künstler, der die Ideen durch die Sinnenwelt durchleuchten sah, und der eifrige Politiker, der dem Traume nachhing, die Menschenwelt nach der Idee zu gestalten, — dass dieser Platon die Moral des „Phaidon" predigen konnte, das zeugt von der Tiefe und Stärke seines religiösen Gefühls und der darin gegründeten Überzeugung. Er zieht die Folgerungen mit jener Schroffheit

und Weltfremdheit, die den Anfangsstadien der Bildung
religiöser Lebensanschauungen eigen zu sein pflegt. Und
deshalb wird es immerdar zu den ergreifendsten Erscheinungen der Weltlitteratur gehören, mit welcher künstlerischen Verklärung Platon gerade diese Lehren dem ster-
benden Sokrates in den Mund gelegt hat.

Charakteristisch für diese Schroffheit der theologischen
Moral ist zunächst im „Phaidon" die abschätzige Beurteilung, ja die scharfe Zurückweisung der gewöhnlichen, alltäglichen Tugend: ihr wird hier nicht einmal der Wert
einer Vorstufe zuerkannt, vielmehr deckt Platon scho-
nungslos die Widersprüche ihrer Motive auf. Sie ist tapfer
aus Furcht und Feigheit; denn sie will dem vermeintlich
grössten aller Übel, dem Tode, entgehen. Sie ist enthalt-
sam aus Begehrlichkeit; denn sie verzichtet auf die einen
Genüsse nur um der andern willen. Es ist eine tief ein-
schneidende Kritik aller utilistischen Moral, wenn Platon
ihre Gesinnung als einen Tauschhandel bezeichnet, wo
man Lust gegen Lust, Schmerz gegen Schmerz und Furcht
gegen Furcht „wie Münzen" umwechselt. Sie ist ein
Messen und Wägen, das nur mit den Scheingütern der
Erde, Besitz und Ehre, rechnet.

Die „philosophische Tugend" dagegen richtet sich nur
auf das Eine, worin die Zugehörigkeit der Seele zur übersinnlichen Welt und ihre Gottähnlichkeit besteht: die Erkenntnis der Wahrheit. Die Seele ist des Menschen
besserer Teil; deshalb soll er sie pflegen und nicht den
Leib. Darum werden für den Philosophen alle Güter
der Erde gleichgiltig; er kümmert sich nicht um Geld
und Gut, nicht um Macht und Ehre. Darum weiss auch
der Philosoph — so heisst es im „Theaetet" — in dem
Getriebe des Menschenlebens sich nicht einzurichten. Er
tappt darin herum wie ein Blinder, — denn sein Auge ist
nach innen und nach oben zu der höchsten Wahrheit gerichtet. Und es lohnt sich nicht für ihn, sich mit den
Dingen dieser Welt zu befassen, in der alles schlecht und

unvollkommen ist. Er soll vielmehr sich in sich selbst zurückziehen, um unbeirrt durch sinnliche Empfindungen und Gefühle dem Wissen nachzutrachten.

Denn da die Seele unkörperlichen Wesens ist, so kann sie durch die Berührung und die Beschäftigung mit der Körperwelt nur befleckt und ihrer wahren Bestimmung entfremdet werden. Der Leib ist ihr Kerker, und jeder Wunsch, jede Begierde, die auf ihn und seinen Bereich sich beziehen, sind neue Fesseln, um die Seele gefangen zu halten. Daher ist es die Aufgabe des Menschen, sich so viel wie möglich vom Leibe und vom Erdendasein innerlich frei zu machen, die Sinnlichkeit zu unterdrücken, die Begierden zum Schweigen zu bringen, und sich so aus der irdischen Welt in die himmlische emporzuheben.

Auf Erden leben wir wie gefesselt in einer dunklen Höhle, an deren Wand wir nur die Schattenbilder der Dinge vorüberhuschen sehen. Steil und mühsam — so zeigt es das berühmte Gleichnis in der „Politeia" — ist der Weg, der von da emporführt in die Welt des Lichts, wo die Idee des Guten lebenspendend erstrahlt, und dieser Weg ist kein andrer als der der philosophischen Erkenntnis.

Deshalb aber ist das ganze Leben des Philosophen eine Entleiblichung, eine Vorbereitung zum Tode, ein Sterbenwollen, ein Absterben der Sinnenwelt gegenüber. Nicht äusserlich und gewaltsam ist das gemeint: den Selbstmord verwirft Platon als eine Verletzung der Pflicht gegen die Götter, in deren Dienst der Mensch auf Erden steht. Die Philosophie ist ein inneres Sterben. Die Trennung der Seele vom Leibe, die das Wesen des Todes ausmacht, vollzieht der Philosoph schon während des ganzen Lebens, indem er sein Denken und Wollen vom Sinnlichen abwendet und auf das Unsichtbare richtet. So ist die wahre Tugend eine „Reinigung" der Seele von den Schlacken der Körperlichkeit: wem sie nicht völlig gelingt, der wird im folgenden Leben von neuem nach diesem Ziele zu ringen haben. Nur der, der innerlich die Erdenwelt überwunden und schon hier im Reinen und Heiligen gelebt hat, nur der findet im Tode die Erlösung — den Eingang in das Reich Gottes.

———

VI. Der Socialpolitiker.

Aus dem engen Kreise der Freunde und Schüler, mit denen Platon in Forschung und Lehre verbunden war, sind wir ihm auf den weiteren Boden der Gemeinden gefolgt, deren Glaubensüberzeugungen er wissenschaftlich zu gestalten, zu deuten, zu vertiefen unternahm: nun reisst er uns fort in den weitesten Umkreis seiner Wirksamkeit, wo er an sein ganzes Volk sich wendet, um das Leben der Gesamtheit in seinen innersten Tiefen aufzuwühlen und mit neuem Inhalte zu erfüllen. Erst in dieser Wendung auf das Ganze kommt auch der ganze Mann zu tage: erst hier finden die Gegensätze, in die der Philosoph und der Theologe notwendig gerieten, ihre höhere Vereinigung und die streitenden Gedankengänge den Versuch ihres versöhnenden Abschlusses. Wenn es ihm nicht gelang, für die Lebensführung des Individuums die Ideale der Wissenschaft und die der Religion in Einklang zu bringen, so hat er in seiner Socialethik, der Lehre vom Staate, eine Ausgleichung der Gegensätze wenigstens soweit gefunden, als sie in den Grenzen seiner begrifflichen Voraussetzungen überhaupt möglich war.

Hier traten nun freilich noch ganz andre Voraussetzungen hinzu: die politischen und socialen Zustände Griechenlands, insbesondere Athens, und die Stellung, die Platon von vornherein dazu einnahm. Seine Grundstimmung ist die des glühenden Patrioten, der, von tiefem Schmerz über den äusseren Niedergang und den inneren Zerfall des Staates erfüllt, zu der Überzeugung gelangt ist, dass eine Rettung nur von einer vollständigen Umkehr und einer durchgängigen Neugründung des ganzen Volkslebens zu erwarten sein würde: es ist ein Pessimismus,

der nach dem Ausgange des peloponnesischen Krieges bei
einem Athener, und insbesondere bei einem Mitgliede der
aristokratischen Partei wohl begreiflich erscheint.

Das erste und greifbarste Moment ist dabei die Erkenntnis, dass die Demokratie gründlich abgewirtschaftet
hat. Der Aufschwung, den sie Athen zu geben schien,
ist kurz und trügerisch gewesen: der glänzende Bau des
attischen Reichs ist schnell wieder in sich zusammen-
gestürzt. Der Grund davon ist der, dass es ihm vermöge
der demokratischen Verfassung an einer constanten
und sachverständigen Leitung fehlte. Wenn ein jeder
berufen ist und sich für berufen hält, an den wichtigsten
Entscheidungen des öffentlichen Lebens unmittelbar mit-
zuwirken, wenn die höchste und schwierigste aller Aufgaben, die Staatsleitung, nicht durch sachkundig geschulte
Männer, sondern von jedem Beliebigen gelöst werden soll,
den Volksgunst und Vordringlichkeit emporheben, so ist
ein Hin- und Herschwanken des Staatsschiffes, dem der
kundige Steuermann mangelt, unvermeidlich.

Zugleich aber verfällt durch diese Verfassung, in der
Alles auf den Beschluss der Masse gestellt ist, das Volk
der Schmeichelkunst der Redner und Sophisten. Sie,
denen es nicht auf das Wahre, sondern auf das Wirksame,
nicht auf das Gute, sondern auf das Angenehme ankommt,
haben schliesslich die Leitung des Staats in der Hand und
sie führen ihn an den Rand des Verderbens. Gegen sie
richtet sich deshalb Platon's erstes hochpolitisches Werk, der
„Gorgias": es ist eine flammende, von düsterer Leidenschaft durchglühte Anklageschrift gegen die Herrschaft
der politischen Redner. Der Philosoph schreckt nicht davor zurück, auch auf die grossen Namen der attischen
Geschichte, einen Miltiades, Themistokles, Perikles seinen
Tadel fallen zu lassen. Durch die Rede haben sie ge-
herrscht; aber wie wenig es ihnen gelungen ist, selbst in
ihrem Sinn die Mitbürger „besser zu machen", das haben
sie daran erfahren müssen, dass der Wankelmut der Menge

sich schliesslich von ihnen gewendet hat. Die Redekunst
ist unfähig, einen Staat dauernd zum Rechten zu regieren,
und eine Verfassung, die ihr die Macht in die Hände
spielt, ist von Grund aus verfehlt.

Dazu kommt, dass die Demokratie den Bürger ge-
wöhnt, sich um vielerlei Dinge zu kümmern, die ihn nichts
angehen: er fängt an, in alles Mögliche hineinzureden
und sich ein Urteil darin anzumassen. Damit aber wird
er von seiner eigentlichen Berufstätigkeit abgelenkt; der
kleine Mann schwatzt auf dem Markte und vernachlässigt
seine Arbeit: das muss zur Zerrüttung seiner häuslichen
Verhältnisse, zur Zerstreuung und Verwilderung seines
Lebens, zur Verwirrung seiner Vorstellungen und Interessen
führen. Er verlernt, das zu tun, wofür er da ist (τὰ ἑαυτοῦ πράττειν), und unter dem Namen der Freiheit lebt Jeg-
licher nach Gutdünken und wechselnden Einfällen.

Aber das attische Reich hat noch Anderes mit sich
gebracht, was Platon beklagt: es ist ein Reich des
Handels und der Industrie geworden. Die einfachen
Lebensverhältnisse der Vorzeit sind vom Luxus und von
rastloser Erwerbsbegierde überwuchert. Aber was helfen,
frägt der Philosoph, alle die Flotten und Häfen, wenn in
diesem Getriebe der unselige Gegensatz von üppigem,
übermütigem Reichtum und bittrer, düstrer Armut von
Tag zu Tag sich verschärft? Hierin liegt der wahre
Krebsschaden des Staates; dies ist ein Geschwür, das den
ganzen Volkskörper vergiftet und zersetzt, und eine Verfassung, die ihn befördert, die dem Erwerb keine Schranken
setzt und die Ausbeutung des Armen durch den Reichen
nicht hindert, ist unfähig, das bereits hereingebrochene
Verderben aufzuhalten.

So verbindet sich bei Platon von Anfang an das
politische mit dem socialen Interesse: und in beiden Beziehungen mahnt er, erschreckt durch die Auswüchse der
attischen Lebensfülle, zu der Einfachheit früherer Zustände
zurück, zum Landbau, zur Zunftverfassung, zu patriar-

chalischen Staatseinrichtungen. Es klebt ihm ein gut
Stück vom Parteimann an, wenn er den reichen Cultur-
wert, den das demokratische Athen in der Entfaltung des
geistigen Lebens besass, so völlig übersieht. Als ein un-
dankbarer Reactionär tritt der Philosoph allen Neuerungen
auf das schroffste entgegen — während er doch selbst
die tiefstgreifende und umfangreichste zu betreiben im
Sinne hat!

Dieser Widerspruch beruht, wie es scheint, in letzter
Instanz darauf, dass Platon's politische und sociale Auffassungen dauernd von dem griechischen Princip des
Stadt-Staates (πόλις) abhängig geblieben sind. Nur in
diesen engen Grenzen vermag er sich das öffentliche Leben
zu denken: und während das Griechentum selbst gerade
in einem Gebilde wie dem attischen Reich, einen Zug in's
Grössere zeigte, wollte Platon in seiner politischen Theorie
die Entwicklung wieder auf die primitiven Zustände der
Kleinstaaterei zurückschrauben. Wie die „Politeia" einen
kleinen Militärstaat, so construieren die „Gesetze" einen
kleinen Agrarstaat von 5040 Bürgerfamilien. Eine solche
Ausdehnung hat Platon im Auge, wenn er es für die Aufgabe der Staatslenkung erklärt zu verhüten, dass der
Staat „zu gross oder zu klein" werde, wie sie andrerseits
ebenso Reichtum wie Armut fern halten und für einen
mittleren Besitzstand aller Bürger sorgen soll. Wie wenig
Platon durch die Erfahrungen, die Griechenland im Laufe
der Zeit der persischen Grossmacht gegenüber nicht erspart
blieben, zu einer Vorstellung davon gelangte, dass die
Zeit der „Polis" vorüber war, zeigt das Fragment seines
„Kritias": durch diesen Dialog sollte in der Form einer
mythischen Geschichtsphilosophie dargelegt werden, dass
ein kleiner, nach den Principien der platonischen „Politeia"
glaubensstark organisierter Stadt-Staat — diese Rolle war
Athen zugedacht — der äusseren Übermacht einer mit
aller Üppigkeit des irdischen Lebens ausgerüsteten Grossmacht dennoch überlegen sei. Die letztere wurde auf die

„Atlantis", eine Rieseninsel jenseits der Säulen des
Herakles verlegt. Aber nur bis zu den phantastischen
Anfängen ihrer Schilderung ist Platon gelangt: und so
sympathisch der Gedanke ist, dass ihm vermutlich eine
Art von Idealisierung der Perserkriege vorgeschwebt hat, so
begreiflich ist es, dass der Plan schliesslich nicht ausgeführt worden ist. Die politische Wirklichkeit in der
ersten Hälfte des vierten Jahrhunderts, die Abhängigkeit,
in welche für lange Zeit die Politik der griechischen
Kleinstaaten dem Grosskönige gegenüber geriet, hätte ein
zu klägliches Gegenbild gegeben.

Für Platon's ideale Auffassung dagegen erschien gerade
der griechische Kleinstaat als der günstige Boden für die
Erfüllung der Grundforderung, ohne die er ein dauernd in
sich kräftiges und nach aussen wehrfähiges Gemeinwesen
für unmöglich hielt: die volle Einheit der Interessen und
des Wollens. Nur da ist wahres Gemeinleben, lehrt
Platon, wo alle dasselbe wollen, dasselbe bejahen und
dasselbe verneinen. Diese Einheit des Wollens ist das
Wesentlichste für ein gesundes Staatswesen, und das ist
die Krankheit der Demokratie, dass sie jedem Einzelnen
sein Wollen freigiebt und eben deshalb darauf angewiesen
ist, erst aus dem Kampfe der Leidenschaften zu Entscheidungen zu gelangen, die weitab von dem Werte eines
wahrhaft gemeinsamen Wollens liegen.

Von hier aus bedarf es nur noch eines Schritts, um
das Grundprincip der platonischen Staatslehre zu verstehen: wir haben den Sokratiker vor uns, der von dem
psychologischen Grundsatze ausgeht, dass jeder Mensch
nur will und tut, was er für gut hält, dass also das rechte
Wollen und Tun aus dem Wissen des wahrhaft Guten, das
schlechte Wollen und Tun dagegen aus der Unkenntnis
und der falschen Meinung über das Gute stammt. Zu oft
hat Platon in seinen Schriften bis zuletzt diesen Gedanken,
in der scharfen Form „Niemand tut freiwillig unrecht"
ausgesprochen, als dass wir nicht darin ein dauerndes

Motiv seines praktischen Denkens und seiner Beurteilung
des menschlichen Lebens zu sehen hätten. Deshalb aber
ist jene Einheit des Wollens, in der allein das Heil des
Staats zu suchen ist, nur möglich vermöge der Einheit
der Ueberzeugung: und diese Ueberzeugung kann
selbstverständlich nicht irgend eine beliebige Meinung,
sondern sie muss die wahre Erkenntnis vom höchsten Gut,
sie kann nichts anderes sein, als die Wissenschaft oder
die Philosophie.

Deshalb, sagt Platon, wird der Not der Menschen kein
Ende werden, ehe nicht entweder die Herrscher Philosophen oder die Philosophen Herrscher werden. Die
Ordnung des öffentlichen Lebens darf nicht durch den
Willen oder die Meinung Einzelner oder auch des Volks,
sie soll nur durch eine Lehre bestimmt werden, durch die
wissenschaftliche Erkenntnis. Wenn erst diese zur Herrschaft in allen Bürgern gelangt, dann bedarf es nicht der
eifrigen Gesetzesmacherei mehr, in der sich jetzt die
Staaten überbieten: aus dieser Lehre wird die Gesinnung folgen, in der alle dasselbe wollen, das höchste
Gut, wie die Philosophie es lehrt. Diese Gesinnung ist
die Tugend, und so gilt es, dass der Zweck des rechten
Staatswesens nur der ist, die Bürger tugendhaft zu machen.
Wahrhaft tugendhaft aber wird der Mensch eben nur
durch das Wissen, und so folgt schon hieraus die platonische Forderung der Herrschaft der Wissenschaft
im Staate.

Diese teleologische Unterordnung des menschlichen
Gemeinlebens unter das höchste Gut, das μέγιστον μάθημα, ist
bei Platon im allgemeinsten Sinne gedacht: sie betrifft
das politische und das sociale Leben gleichmässig, und
zwischen beiden wird hier so wenig ein begrifflicher Unterschied gemacht, dass der Staat wesentlich als Ordnung der
socialen Verhältnisse aufgefasst wird. Dabei scheint es in
der „Politeia" zunächst, als würde der Zweck des Gemeinlebens lediglich in der Erfüllung der Bedürfnisse der darin

zusammentretenden Individuen gesucht: aber sei es nun, dass Platon damit an fremde, etwa kynische Lehren anknüpfte, um sie über sich selbst hinaus zu steigern, sei es, dass er damit in gleicher Absicht von der populären Vorstellungsweise ausgehen wollte — jedenfalls ist es ein besonders gelungenes Kunststück seiner Darstellung, wenn er von der Meinung her, ein Staatsleben wachse aus solchen natürlichen Bedürfnissen der Einzelnen heraus, den Nachweis führt, dass es auch dann eine Erziehung seiner Bürger verlange, die zuletzt auf der höchsten Einsicht, auf der philosophischen Wissenschaft beruhe.

Versuchen wir, heisst es, eine Polis zu gründen! Ein halb Dutzend Menschen mag zunächst zusammenkommen, die jeder ein besonderes Handwerk verstehen, wie es zur Wohnung, Kleidung und Ernährung von Menschen erforderlich ist, Maurer, Weber, Schuster, Bauer u. s. w.[1]) Die werden sich gegenseitig durch Arbeitsteilung unterstützen, indem jeder leistet, was er gelernt hat, und dafür von den andern ihre Erzeugnisse, soweit er ihrer bedarf, als Gegenleistung empfängt. Bald wird sich zeigen, dass noch andere hinzukommen müssen, die mit ihrer Arbeit ergänzend, vorbereitend, zusammenfügend eintreten; schliesslich wird der Kaufmann, der Wechsler und der Tagelöhner nicht zu entbehren sein. Je mehr Menschen es werden, um so mehr gesellen sich zu den notwendigen Bedürfnissen die überflüssigen, die des Luxus; neben dem Handwerk stellt sich die Kunst ein. Aber all das Volk will ernährt sein; das Land reicht nicht mehr aus, der „Staat" muss sich vergrössern — er muss fremdes Gebiet rauben, d. h. Krieg führen. Aller Krieg, meint Platon, beruht auf einer solchen Steigerung der Bedürfnisse über das Natürlichnotwendige hinaus. Das Kriegführen aber ist ebenfalls ein Handwerk oder eine Kunst, und es muss nach dem Princip

[1]) Man sieht deutlich, dass hier an eine historische Erklärung vom Ursprung des staatlichen Lebens nicht gedacht sein kann!

der Arbeitsteilung eigens erlernt und als besonderer Beruf von einer Klasse der Bürger betrieben werden.

Damit spricht Platon in unscheinbarer Form einen weit tragenden Gedanken aus, der über die ursprünglichen Zustände des Griechentums, wie sie auch in der Glanzzeit seiner Geschichte bewahrt geblieben waren, weit hinausgreift. Selbst im peloponnesischen Kriege hatte man von einem besonderen Kriegerstande noch nichts gewusst: die Gesamtheit der Vollbürger war in jedem Staate zur militärischen Dienstleistung verpflichtet gewesen, die Heeresbildung war ein wesentlicher Bestandteil der Staatsverfassung. Seit dem korinthischen Kriege jedoch (394 bis 387 v. Chr.) war, insbesondere durch den athenischen General Iphikrates die Bildung von Söldnerheeren aufgekommen. Dazu hatte nicht zum wenigsten der Umstand beigetragen, dass bei dem allgemeinen Niedergange des Staatsbewusstseins und der patriotischen Gesinnung der wohlhabende Bürger anfing, sich in der Erfüllung der Dienstpflicht gegen Bezahlung vertreten zu lassen. Männer wie Iphikrates und die grossen thebanischen Strategen Pelopidas und Epaminondas schufen aus solchem Soldatenmaterial stehende Truppen, die sich den alten Milizen taktisch überlegen erwiesen, dabei aber auch in der Folge sich von dem Meistbietenden mieten liessen. Diese neue Einrichtung sucht Platon dem alten Princip der Polis einzugliedern. Auch er verlangt einen eignen Kriegerberuf und Kriegerstand: aber dieser soll aus den besten Bürgern bestehen, die, aller sonstigen Berufsarbeit enthoben, lediglich zum Schutz des Stadtstaates gegen jede Gefahr seines Bestandes verpflichtet sind. Den dazu Auserwählten liegt es aber deshalb ob, nicht nur gegen äussere Feinde gewappnet und geschult zu sein, sondern auch die Heimat vor inneren Zwistigkeiten zu bewahren und in ihr für Ordnung und Gesetzmässigkeit zu sorgen. Darum sollen sie die Wächter (φύλακες) heissen.

Diesen Stand muss die Polis aus sich heraus erziehen:

wer dazu gehören soll, muss an Leib und Seele das Beste leisten. Mit allen Eigenschaften des tüchtigen Kriegers muss er das Verständnis für die Zwecke des Staats, für die inneren Zusammenhänge des Gemeinlebens verbinden: er muss tapfer und wissenschaftlich gebildet sein. Mit Rücksicht auf diesen Zweck entwickelt Platon die gymnastische und musische Ausbildung, die den „Wächtern" zu Teil werden soll. Strenge Zucht soll in beiden Richtungen walten: enthaltsames Leben, harte Übungen, stetige Beschäftigung sollen den Leib kräftigen, gefügsam machen und vor allen Ausschweifungen bewahren; aus der bunten Welt der Sagen und Märchen, aus den religiösen Überlieferungen soll der jungen Seele mit sorgfältiger Auswahl nur zugeführt werden, was ihr sittliches Glauben und Wollen zu fördern geeignet ist, und auch in Musik und Gesang soll alles, was die neuernde Kunst an Sinnenkitzel und verweichlichender Sentimentalität herbeibringt, von der Hand gewiesen und nur das ernste, patriotische und religiöse Gefühle weckende Chorlied verwendet werden.

Allein solche Erziehung erfordert ihre Leiter. Wenn der gesamte Stand der „Wächter" sich über alle die Übrigen, die je ihres Handwerks Dienst leisten, als der eigentliche Träger des Staatsgedankens und der Staatsmacht erheben soll, so muss in ihm wieder zwischen den erst in der Ausbildung Begriffenen und den die Ausbildung Leitenden, und ebenso zwischen den Ausführenden und den Bestimmenden unterschieden werden. In beiden Rücksichten wird das Verhältnis sich auf die Jugend und das Alter verteilen. Wir bedürfen also im Stande der Wächter einer in der Erziehung begriffenen Jugend, die nach dem Befehl der Oberen gegen den Feind zu Felde zieht und im Innern die Ordnung wahrt, und eines gereiften Alters, das die höchste Erkenntnis gewonnen hat und nach ihr den Staat regiert. So unterscheidet Platon die Gehilfen oder Beamten (ἐπίκουροι) von den Regenten (ἄρχοντες), und

die letzteren können natürlich keine anderen sein als die
Männer der Wissenschaft, die Philosophen.

Einer solchen Einrichtung bedarf der Staat, sucht
Platon zu zeigen, auch wenn wir in ihm nichts weiter
sehen wollten, als eine Vereinigung, wodurch die Menschen
mit Hilfe der Arbeitsteilung eine möglichst vollkommne
Befriedigung ihrer natürlichen Bedürfnisse gesucht hätten.
Auch auf dieser naturalistischen und utilistischen Grundlage muss das Gemeinwesen eine Gliederung erfahren, die
in der Herrschaft der wissenschaftlichen Einsicht gipfelt,
sodass von ihr die erzieherische Gestaltung aller derjenigen
Organe ausgeht, in welchen sich der Lebenszusammenhang
des Ganzen darstellt. Die aus der Ideenlehre heraus ge-
forderte Auffassung des Staates als einer Verwirklichung
des höchsten Gutes in der menschlichen Gesellschaft kommt
nach dieser geistvollen Entwicklung Platon's (im zweiten
bis vierten Buch der „Politeia“) durchaus mit den An-
forderungen zusammen, welche an den Staat als ein Product des natürlichen Bedürfnisses zu stellen sind: die
Herrschaft in ihm gebührt der Philosophie als der Lehre
vom höchsten Gut, von den Zwecken der Welt und des
Menschen.

Zugleich aber gewinnen wir durch diese Darstellung
die natürliche Gliederung des Staates in seine drei
Stände: den Nährstand, den Wehrstand und den Lehrstand. Der erstere umfasst die grosse Masse Derjenigen,
welche vermöge ihrer Fertigkeiten und Geschicklichkeiten
alle die Güter erzeugen und verarbeiten, die den äusseren
Bestand des gemeinsamen Lebens ausmachen, die Land-
leute und die Handwerker, denen auch die Händler bei-
zureihen sind; der zweite besteht aus den activen Kriegern
und Beamten, deren Erziehung sie befähigt, den Staat
gegen äussere und innere Feinde zu schützen, seinen Gesetzen Gehorsam zu verschaffen, sein Ansehen nach innen
und aussen zu wahren; den dritten bilden die „Philosophen“, die Männer der Wissenschaft, die vermöge ihrer

Erkenntnis des wahrhaft Guten die Gesetze geben, die „Gehilfen" erziehen und den gesamten Staat regieren.

So betrachtet ist der Staat „der Mensch im Grossen". Seine drei Stände entsprechen den drei Verhaltungsweisen oder den drei Teilen (vergl. oben S. 133 ff.) der Seele: und Platon geht nun daran, das Ergebnis seiner socialpolitischen Reflexion mit seiner ethisch-theologischen Psychologie in Einklang zu bringen und daraus weitere Folgerungen zu ziehen. Der Nährstand mit seinen auf Erwerb gerichteten Berufsarbeiten entspricht dem „Begehrlichen", der Wehrstand mit seinen wesentlich militärischen Aufgaben dem „Muthaften", der Lehrstand mit seiner Pflege der Wissenschaft dem „Vernünftigen" in der einzelnen Seele.

Diese sich von selbst darbietenden Analogien zwischen Staat und Individuum erlauben nun dem Philosophen, seine Auffassung von den Aufgaben und den je nach ihrer Erfüllung zu bemessenden Vollkommenheitsgraden der Staaten und der Einzelmenschen durch parallele Betrachtungen darzulegen. Die Normen und die Werte sind politisch und ethisch dieselben: im ersteren Sinne betreffen sie den „Menschen im Grossen", im zweiten den „Menschen im Kleinen".

Das Grundprincip bleibt dabei dasselbe, das schon im Anfang den Begriff der Arbeitsteilung ausmachte: das rechte Leben im Staat wie im Einzelnen besteht darin, dass jeder der drei Teile „das Seinige" tut (τὰ ἑαυτοῦ πράττειν), dass er genau die Aufgabe erfüllt, zu der er im Zusammenhange des Ganzen berufen ist, — nicht mehr und nicht weniger. Die teleologische Weltanschauung führt auf die Norm, dass ein Jedes seine Bestimmung hat und in dem Masse gut und vollkommen ist als es diese erfüllt. So kommt im Staate dem Lehrstande der Philosophen die Herrschaft und der Betrieb der Wissenschaft zu, dem Wehrstande die pflichttreue Ausführung der Gesetze und die mutige Verteidigung des Vaterlandes, dem

Nährstande der unbedingte Gehorsam, die Unterwerfung
unter den Willen der Regierenden und die Beschaffung
des äusseren Bedarfs für das gemeinsame Leben. Das
Zusammenspiel, die „Harmonie" der drei Teile, diese
durch ihr Wesen verlangte Ordnung macht die Vollkommenheit des Staates aus, und diese bezeichnet Platon mit dem
Namen Gerechtigkeit (δικαιοσύνη).

Für den einzelnen Menschen aber besteht deshalb die
sittliche Vollkommenheit unter dem gleichen Namen
(deutsch etwa als „Rechtschaffenheit" zu übersetzen)
in einem analogen Verhältnis der drei Seelenteile, wonach
die Vernunft herrscht, das „Mutartige" ihr getreue und
starke Heerfolge leistet, und das „Begehrliche" sich ihr
gern fügt. Dazu gehört, dass sich das Vernünftige zur
wahren Erkenntnis, zur Weisheit (σοφία), das „Muthafte"
zur unerschrockenen Pflichttreue, zur Tapferkeit (ἀνδρία)
und das „Begehrliche" zur Mässigkeit, zur Selbstbeherrschung (σωφροσύνη) entfalte. Hiermit giebt Platon
einen systematischen Unterbau für die in der Litteratur seiner
Zeit und auch bei ihm selbst an andern Stellen vielfach
übliche Aufzählung der Hauptarten der „Tugend", wobei
abwechselnd neben jenen vier auch wohl noch Frömmigkeit (ὁσιότης) und Besonnenheit (φρόνησις) genannt wurden.
Die in der „Politeia" so gelegentlich gegebene Construction
der vier „Cardinaltugenden" ist für die spätere Zeit
ein viel wichtigeres Lehrstück geworden, als sie es bei
Platon selbst gewesen ist.

Viel interessanter und gedankenreicher ist es, wie
Platon, nachdem er das Ideal des gerechten Staates und
des gerechten Mannes gleichmässig in der Herrschaft der
Vernunft gefunden hat, dazu fortschreitet auch die un-
gerechten, verfehlten Staatsverfassungen und die
ihnen entsprechenden Charaktertypen der Individuen
aus denselben Voraussetzungen abzuleiten: sie müssen
natürlich darauf beruhen, dass neben oder statt der Vernunft die beiden andern Teile oder Kräfte (δυνάμεις) zur

Herrschaft gelangen. Platon wählt dazu die Form der
Entwicklung, dass von dem idealen Zustande der „Gerechtigkeit" durch allmähliche Verschlechterung sich die „falschen"
Verfassungen und Charaktere bilden. Diese Darlegung
(im achten und neunten Buch der „Politeia") gehört zu
den lebensvollsten und lehrreichsten Stellen in seinen
Werken; von einer reichen Erfahrung, einer scharfen
Beobachtung des wirklichen Menschenlebens her construiert
er mit feiner Analyse die Übergänge. Mit der typischen
Verfassungsgeschichte verschlingen sich typische Familien-
geschichten: es ist eine packende Darlegung der politischen
und socialen Decadence, die für den Psychologen, den Cha-
rakterologen und den Politiker von höchstem Interesse ist.
In dieser Entwicklung schieben sich successive neben der
Weisheit die beiden andern Güter, Ehre und Besitz, als
beherrschende Mächte des öffentlichen Lebens und des
persönlichen Strebens ein. Ehrgeiz und Machtgier, Hab-
sucht und sinnliches Laster schleichen sich allmählich ein,
bis aus der Entfesselung der Begierden schliesslich der
ruchlose Egoismus hervorbricht. So geht es von der idealen Verfassung, die als Aristokratie bezeichnet wird, zur
Timokratie, von da zur Oligarchie, weiter zur Demokratie
und endlich zur Tyrannis: und diesen verfehlten Staatsverfassungen entsprechen die Menschentypen. Von besonders fesselndem Interesse und von tiefer Wahrheit ist die
Schilderung des notwendigen Umschlags der Demokratie
in die Tyrannis, aus der trügerischen Freiheit in die elen-
deste Sklaverei: und eins der eindrucksvollsten Menschen-
bilder ist das Portrait des Tyrannen, der, während er
Angst und Elend um sich verbreitet, in seiner Verbrecher-
seele selbst der von Furcht am meisten Gepeinigte und
am tiefsten Unglückliche von allen ist.[1]

---

[1] Die psychologische Theorie weist dabei die drei letzten Verfassungen, den oligarchischen, demokratischen und tyrannischen Staat
bezw. Menschen, der Vorherrschaft des „Begehrlichen" zu und unterscheidet sie durch eine Dreiteilung der Begierden, der Notdurft, des

Für die ideale Verfassung ergeben sich aus den allgemeinen Forderungen die besonderen staatlichen Einrichtungen. Auch der Interessenstaat erfüllt seine Aufgaben nur als Vernunftstaat in der rechten Ordnung der drei Stände: er hat Dauer nur als Militärstaat, und dieser ist nur möglich als Philosophenstaat. Aus diesen Voraussetzungen erklärt es sich, dass Platon sich in der „Politeia" um den dritten Stand weiter nicht kümmert. Dieser leistet ja seine Aufgabe, wenn er gehorcht und die beiden andern Stände ernährt: er bringt es also höchstens zu der „gemeinen Tugend", welche aus utilistischen Motiven den bestehenden Vorschriften folgt, ohne sich darüber Rechenschaft zu geben. Die Bauern, Handwerker und Händler sind für Platon Bürger zweiter Klasse; sie stehen dem Staatszweck nur als Mittel gegenüber und spielen fast die Rolle, die in der antiken Gesellschaft sonst den Sklaven zufiel, die der arbeitenden Masse.[1]) Daher giebt die „Politeia" für Handel und Wandel, für die rechtlichen Verhältnisse dieser Masse gar keine Vorschriften.

Um so genauer geht sie auf die Lebensordnung der „Wächter" ein, die durch eine in bestimmten Zeiträumen fortschreitende Gesamterziehung sich in die beiden Klassen der „Beamten" und der „Regenten" gliedern sollen. Sie bilden die Gemeinschaft, in der eigentlich erst der Staat besteht: die Masse des dritten Standes ist nur die unum

---

Luxus und des Verbrechens. Wie dies nicht ohne Anlehnung an kynische und vielleicht demokritische Unterscheidungen ist, so spielen in die ganze Ausführung zahlreiche Bezugnahmen auf psychologische und ethische Theorien jener Zeit hinein.

[1]) Die Sklaverei selbst hielt Platon, wie es namentlich auch in den „Gesetzen" hervortritt, nicht nur für erforderlich, sondern auch durch die natürlichen Unterschiede der Menschen für gerechtfertigt. Doch trat er für eine milde, zwischen Grausamkeit und Vertraulichkeit die rechte Mitte einhaltende Behandlung der Dienerschaft ein, und verlangte, dass niemals Hellenen sich Hellenen zu Sklaven machen sollten, womit er einer der abscheulichsten Härten des antiken Kriegsrechts entgegentrat.

gängliche Grundlage für sie. Denn sie dürfen nicht arbeiten oder erwerben, weil jede derartige Beschäftigung die Liebe zu ihrem sinnlichen Gegenstande erweckt, das „Begehrliche" aufregt und damit die Seele von ihren höheren Aufgaben abzieht. Die aristokratische Ablehnung der Arbeit, die Verachtung des „Banausischen" findet so ihre philosophische Rechtfertigung.

Die Rücksichtslosigkeit, mit der Platon die Lebensordnung der höheren Stände durchdacht hat, spricht sich ganz naiv in den durchgeführten Analogien aus, welche er aus der Züchtung und der Dressur der Tiere herbeizieht, um seine Einrichtungen zu begründen. Diese aber gehen alle auf denselben Gedanken zurück, der auch die platonische Naturphilosophie beherrscht, dass nämlich alles Einzelne durch den zweckvollen Zusammenhang des Ganzen bestimmt sei. Der Einzelne auch in diesen höheren Ständen ist daher niemals Selbstzweck: das ganze Leben soll durch die Idee bestimmt sein. Um aber das Individuum nur in den Dienst des Ganzen zu stellen, muss es von allen persönlichen Interessen befreit werden: der Wächter, der den Staat verteidigen, der Regent, der ihn leiten soll, darf durch nichts, was ihm persönlich lieb wäre, von dem Wohl des Ganzen abgelenkt werden: er darf weder Familie noch Besitz haben. Alle zusammen sollen nur eine Familie bilden und nur einen Besitz haben.

Die „Gemeinschaft der Weiber, Kinder und Güter", die Platon demgemäss verlangt, hat mit communistischen oder socialistischen Ideen, wie sie uns wohl sonst auch im Altertum begegnen, nicht das geringste zu tun. Es handelt sich dabei nicht im entferntesten darum, etwa allen Wächtern das gleiche Anrecht an den Genuss der Erdengüter zu gewähren, sondern vielmehr um einen gemeinsamen Verzicht darauf. Dem dritten Stande sollen Privatbesitz und Familie belassen werden; sie bilden die wesentlichen Motive der Erwerbsarbeit: die beiden oberen Stände haben um der Reinheit ihres Staatsdienstes willen

11*

darauf zu verzichten. Ihnen winkt die höhere Aufgabe
und der höhere Lohn.

Nur mit Aufhebung der Ehe, lehrt Platon, ist der
Staat in der Lage, für einen geeigneten Nachwuchs seiner
Bürger zu sorgen. Die Regenten haben zu bestimmten
Zeiten die Paarung der jungen Männer und Weiber an-
zuordnen: sie haben darauf zu achten, dass durch die
Mischung der körperlichen und geistigen Eigenschaften die
Nachkommenschaft an Leib und Seele geradwüchsig
werde, dass die Temperamente der Eltern sich in den
Kindern ebenso ausgleichen wie die leiblichen Varietäten.
Auf diese Weise soll der Normaltypus des Wächters heran-
gezüchtet und erhalten werden. Eltern und Kinder aber
dürfen sich nicht kennen: schon zur ersten Ernährung
werden alle Kinder allen säugenden Müttern gleichmässig
zugewiesen, und so wachsen sie auch weiter gemeinsam in
Staatspflege auf. Daher hat jeder Jüngere in der ganzen
vorhergehenden Generation seine Eltern zu verehren, jeder
Ältere in der ganzen folgenden seine Kinder zu lieben
und — zu erziehen.

Damit hört alle häusliche Gemeinschaft auf. Die
Wächter führen ein Lagerleben. Auch in Friedenszeiten
ist ja der grösste Teil von ihnen auf der Wacht an der
Landesgrenze oder in soldatischer Ausbildung und Übung
begriffen; in den Perioden ihrer musischen Erziehung
werden sie in Gymnasien vereinigt. So bilden sie stets
„Syssitien“, Speiseverbände, in denen Wohnung, Kleidung
und Nahrung von Staats wegen in streng vorgeschriebener
Form geliefert werden. Weiter bedürfen sie nichts und
haben sie nichts; Gold und Silber ist ihnen verboten. So
kann es zwischen ihnen auch nicht Neid und Streit um
Geld und Gut geben, und die Civilrichter werden ebenso
unbeschäftigt sein wie die Ärzte, denen die rauhe, abhär-
tende und stärkende Lebensweise die Patienten entzieht.

Als äusserste Folgerung endlich erscheint die völlige
Gleichstellung beider Geschlechter. Zur Erzielung

einer Vollblutrasse müssen beide gleich gut entwickelt werden, und deshalb gehören beide auch unter dieselbe Dressur. An der ganzen gymnastischen Ausbildung und ebenso an dem musischen Unterricht sollen die Frauen gerade so beteiligt werden wie die Männer: was darin nach bisheriger Gewöhnung lächerlich und anstössig erscheinen mag, das wird unter dem Zweckgesichtspuncte des neuen Staates alles Verwunderliche verlieren und als eine natürliche Notwendigkeit sich herausstellen. Die Weiber der „Politeia" turnen nackt mit den Männern, teilen mit ihnen das Leben auf der Wache und im Lager, gehören mit zu den Speiseverbänden, geniessen denselben musischen und wissenschaftlichen Unterricht und haben den Zutritt zu den höchsten Ehrenstellen.

Aristoteles bezeugt, dass diese Lehre Platon's als die unerhörteste seiner Neuerungen erschienen sei, und wir müssen uns fragen, wie der Philosoph dazu gekommen ist. Logisch notwendig war diese Folgerung nicht: denn das Grundprincip, wonach „Jedes im Staate das Seinige zu tun habe", hätte mit viel grösserer Consequenz auf den fundamentalsten Unterschied angewendet werden können und sollen, den die Natur zwischen menschlichen Individuen leiblich und seelisch gemacht hat, den von Mann und Weib. Wenn Platon dies Nächstliegende verschmäht hat, so kann das nicht nur durch die Gleichgiltigkeit gegen natürliche Unterschiede erklärt werden, sondern muss andere Gründe haben.

Dass es in dem aufgeregten Athen, in der fiebernden Grossstadt jener Tage auch eine F r a u e n b e w e g u n g und eine Frauenfrage gegeben hat, ist nicht zu bezweifeln. Die geistreichen Hetären sind ohne sie nicht denkbar, und trotz aller Abgeschlossenheit des griechischen Bürgerhauses können auch die Frauen von der gewaltigen geistigen und socialen Gärung, die nach einem neuen Princip rang, nicht ausgeschlossen geblieben sein. In der kynischen und z. T. auch in der kyrenaischen Schule sehen wir die emanci-

pierten Frauen eine gewisse Rolle spielen. Warum sollte
nicht der Gedanke in der Luft gelegen haben, ob man
nicht einmal, „um", wie Aristophanes sagt, „in Athen auch
das Letzte nicht unversucht zu lassen", die Politik in die
Hände der Frauen legen sollte? Selbst wenn die „Ekkle-
siazusen"[1]) auf eine wenigstens mündliche Bekanntschaft
des Komikers mit der platonischen Lehre zurückzuführen
sind, so zeigt sich doch schon in andern seiner Stücke
derselbe Gedanke im Keim. Es erscheint wohl verständ-
lich, dass Platon, wenn er das menschliche Gemeinleben
auf eine völlig neue Grundlage stellen wollte, sich gewisser-
massen selbst bis zu der radicalsten Stellung drängte:
wer Familie und Privatbesitz strich, der durfte auch den
Unterschied von Mann und Weib fortdecretieren.

Oder sollte hier noch ein anderes Motiv mitspielen?
Das weibliche Geschlecht war, wie wir wissen, in erster
Linie an dem Siegeszuge der dionysischen Religion beteiligt. Kein Fest des Bakchos ohne die rasenden Weiber.
In ihrem Enthusiasmus, in ihrer wilden Verzückung wiesen
sie ein Mass von physischer Leistungsfähigkeit und von
religiöser Inbrunst auf, das von keinem Manne übertroffen
wurde. An den höchsten Weihen und Seligkeiten des
religiösen Kultes hatten sie ihren reichen, vielleicht den
reicheren Anteil: warum sollte ihnen der an den Mühen
und Ehren des politischen Lebens vorenthalten sein?
warum sollte man ihnen nicht zutrauen, auch darin den
Männern ebenbürtig zu sein? Die religiöse Gleichstellung
legte auch die politische nahe. Oder regte sich hier gar
bei Platon trotz allen Ernstes ein wenig der Schalk, der
den Bakchen zumutete, nun auch Alles den Männern
gleichzutun? Sollte es etwa heissen: „Nur heran, ihr
Mänaden! Hic Rhodus. Versucht's mit unsrer Dressur:
turnt und treibt Dialektik; wir wollen sehen, wie weit
ihr's bringt." Chi lo sa . . . . . .

---

[1]) Wie ich es allerdings für das Wahrscheinlichste halte.

Jedenfalls ist die Gleichstellung der Geschlechter bei Platon ein theoretisches Postulat geblieben, das er auch in der Phantasie nicht völlig durchgeführt hat.[1]) Und dass es seinem natürlichen Denken fremd war, sehen wir aus den zahlreichen Wendungen, die ihm in seinen Schriften und sogar in der „Politeia" entschlüpfen, wenn er in altgriechischer Weise von „Weibern und Kindern" im abschätzigen Sinne redet — ganz zu geschweigen des Einfalls im „Timaios", wo es heisst, dass die Seelen, die sich in ihrer ersten irdischen Existenz als Männer nicht gut bewährt haben, für das zweite Leben in Weiber fahren sollen. —

Das gesamte Gemeinleben der Wächter stellt also eine grosse Erziehungsanstalt dar, worin unter Verzicht auf alle irdischen Güter jene höhere Tugend gelehrt und geübt werden soll, die zuletzt in der Idee des Guten begründet ist. An den Wendepuncten dieser von Platon mit grösster Sorgfalt ausgedachten Erziehung, wo neue Gegenstände oder Übungen beginnen, findet eine Scheidung der Zöglinge statt. Die weniger Bewährten gehen in die niederen Dienste als Gehilfen und Beamte ein; die Besseren steigen zu höheren Aufgaben auf, und schliesslich werden so Diejenigen ausgesiebt, welche an Leib und Seele die vollkommensten sind. Ihnen fällt es zu, Dialektik zu treiben und die Idee des Guten, die Gottheit, zu betrachten: aus dieser Contemplation treten sie zeitweilig in das praktische Leben zurück, um als Regenten den ganzen Staat zu leiten.

Diese Aristokratie des Wissens und der religiösen Betrachtung ist also schliesslich der Angelpunkt des ganzen politischen Systems. Aber auch sie hat etwas durchaus Unpersönliches: diese Regenten sind die Eingeweihten

---

[1]) Auch hat er nicht daran gedacht, es etwa in die Praxis der Akademie zu übernehmen. Es wird in der Überlieferung besonders hervorgehoben, dass sogar zwei Frauen seine (und Speusipps) Zuhörerinnen gewesen seien.

einer erhabenen Lehre; aber was sie von Individualität
etwa besessen haben, ist in dem ganzen gleichmachenden
Verlauf der Erziehung, in der Beschäftigung mit der Ideenlehre, in der religiösen Betrachtung ausgelöscht. Sie bilden,
wie im geringeren Sinne schon alle Wächter, der Masse
der Menschen gegenüber ein höheres, zweckvoll heran-
gezüchtetes Geschlecht; aber in diesem Volk von „Über-
menschen" hat die freie Individualität, die selbständige
Persönlichkeit kein Bürgerrecht mehr.

Das gesamte Menschenmaterial, das höhere nicht weniger als das niedere, wird in diesem Staate geopfert für
die Herrschaft einer Lehre. Alle Zwecke des wirklichen einzelnen Menschen verschwinden vor seiner Ein-
stellung in den Dienst der unsichtbaren Welt: aber selbst
von der Art und dem Sinn dieser Unterordnung haben
nur die allerwenigsten eine Vorstellung, die Philosophen,
die zur Erkenntnis Gottes gelangt sind. Für alle Andern,
ja selbst für diese, ist der platonische Idealstaat eine
Zwangsanstalt, wie sie die wirkliche griechische Polis
niemals gewesen ist. Man kann dem Griechentum kein
grösseres Unrecht tun, als wenn man Platon's Entwurf mit
den tatsächlichen Zuständen gleichsetzt. Vielmehr enthält
er gerade im bewussten Gegensatze gegen die individu-
alistische Zersetzung des wirklichen griechischen Staatslebens eine Überspannung des Princips des Stadt-Staates:
und diese wird nur dadurch gewonnen, dass das gesamte
socialpolitische Leben in den Dienst eines höheren Princips
gestellt wird, von dem das Griechentum in diesem Sinne
nichts wusste und nichts wissen wollte. Der Staat als das
höchste Gebilde des Erdenlebens ist die Erziehung und
Vorbereitung zur Tugend, d. h. zum himmlischen Leben;
er ist, wenn anders er seine Aufgabe erfüllt, das Reich
Gottes auf Erden. —

Nur dies Princip ist das Neue in Platon's „Politeia",
nicht die einzelnen Vorschläge, die er zu seiner Durchführung macht. Die letzteren knüpfen vielmehr durch-

gängig an bestehende Einrichtungen der griechischen Welt
an oder verfolgen Reformgedanken, die der aufgeregten
Projectenmacherei seiner Zeit nicht fremd waren. Insbesondere waren es Motive aus dorischen Sitten und namentlich spartanischen Institutionen, die sich Platon mit
freier Umbildung zu eigen machte. Um so mehr aber
konnte der Philosoph vermöge dieses Anschlusses an historisch Gegebenes die Möglichkeit seiner Vorschläge behaupten und an ihre Verwirklichung glauben. Er war weit
davon entfernt, mit seinen Ausführungen ein müssiges
Gedankenspiel zu treiben: er dachte allen Ernstes, das
Eine gefunden zu haben, was seiner Zeit Not sei, und
wenn er sich auch über die Schwierigkeiten klar war, die
der Ausführung seines Plans im Wege standen, so war er
doch nicht ohne die Hoffnung, dass sein Appell an den
alten Patriotismus, seine kräftige Erhebung des Staatsgedankens über die Interessen der Individuen Anklang
finden werde. Wenn es ihm nicht in den Sinn kommen
konnte, sich an die Masse zu wenden und sie für seine
Gedanken zu begeistern, so dachte er um so mehr an die
Möglichkeit, dass Männer, welche die Macht in Händen
hätten, sich von der Notwendigkeit seiner Reform über-
zeugten und sie mit Gewalt einführten. Auch darin freilich erfuhr er die bitterste Enttäuschung, und in solchen
Stimmungen mochte er dann wohl, wie im „Theaetet",
den Philosophen als seinem Wesen nach ungeeignet für
die irdische Welt darstellen und es für das Beste erklären,
sich in ihre Angelegenheiten nicht zu mischen, sondern
so schnell als möglich aus dieser verderbten Welt in die
himmlische Heimat zu fliehen.

Mit solcher Einsicht in die Unausführbarkeit seines
socialpolitischen Reformvorschlags bringt man die späteren
Entwürfe Platon's in Zusammenhang, die wir in den „Gesetzen" aufbewahrt finden. Hier wird ausdrücklich ge-
sagt, wenn jener „erste Staat" (der „Politeia") sich nur
für Götter und Göttersöhne eigne, so dürfe man einen

„zweitbesten" und „drittbesten" Entwurf versuchen, auf
deren Ausführung unter den Menschen eher zu rechnen
sei. Nun vermögen wir zwar bei dem Zustande des von
Platon nicht mehr endgiltig redigierten Werkes (vgl. oben
S. 62 f.) die beiden darin durch einander gewürfelten Entwürfe weder im einzelnen noch auch im Princip genau
und sicher zu unterscheiden: aber die grosse Differenz, in
der sie sich im Ganzen mit der „Politeia" befinden, liegt
um so deutlicher auf der Hand.

Sie besteht in erster Linie darin, dass die Bedeutung,
welche dort der Wissenschaft zufiel, nunmehr der positiven Religion übertragen wird. Eine Lehre ist es auch
jetzt wieder, unter deren Herrschaft das ganze Staatswesen stehen soll, und eine Lehre, die das irdische Leben
als einen vorbereitenden Dienst für das himmlische betrachtet und einrichtet: aber es ist nicht mehr die Dialektik und die Metaphysik der Ideenlehre, auf die sich
nur eine ganz knappe Hindeutung in dem noch dazu
zweifelhaftesten Stück (am Schluss) der Sammlung findet,
sondern es ist der herkömmliche religiöse Glaube. Als
das Wesentliche dieses Glaubens wird die Überzeugung
von dem Vorrang der Seele vor dem Körper, d. h. von
ihrer übersinnlichen Natur und Bestimmung bezeichnet;
aber er umfasst den ganzen Götter-, Heroen- und Dämonen-
glauben des Volksbewusstseins. In der „Politeia" war
dieser ebenfalls als erstes sittliches Bildungsmittel herangezogen worden, sollte jedoch zu diesem Zwecke von allen
sittlich bedenklichen Bestandteilen [1]) gereinigt werden und
trat bei der abschliessenden Erziehung der Philosophen in
den Hintergrund. Jetzt bildet eine solche ethisch gereinigte
Theologie mit ihrem ganzen Kultusapparat die Grundlage
des Staatswesens. Zu ihrer Ergänzung werden nur die
mathematischen Wissenschaften herangezogen, einer-

---

[1]) In diesem Sinne bekämpfte Platon die poetischen Vorstellungen
von den Göttern, die homerischen und hesiodischen Mythen, ganz
ähnlich wie Xenophanes damit begonnen hatte.

seits weil eine richtige astronomische Weltansicht für den
religiösen Glauben unerlässlich ist, andrerseits weil in einem
guten Staate, wie in der grossen Welt, Alles nach Mass
und Zahl geordnet sein muss.

Wie die Ideenlehre, so fällt für den Staat der „Gesetze" auch der Philosophenstand und damit die ganze
Standeseinteilung der „Politeia" fort; auch der Gedanke
eines eignen Soldatenstandes wird wieder aufgegeben und
dafür in der Hauptsache das alte Milizsystem mit der
Wehrpflicht aller Bürger wieder angenommen. Aber auch
auf die Absonderung des dritten Standes wird verzichtet,
und die Motive, die früher dazu geführt hatten, nehmen
eine ganz andere Wendung. Platon's principielle Abnei-
gung gegen Industrie und Handel wegen der daraus ent-
stehenden socialen Gefahr des Klassengegensatzes erscheint
hier nicht vermindert, sondern verstärkt: vom Handel soll
sich der Staat, der deshalb auch nicht unmittelbar an der
Küste gelegen sein darf, nur das Unumgängliche gefallen
lassen; aber kein Bürger darf Handel treiben: der Staat
lässt dafür Fremde zu, soweit es ihm nötig scheint, oder
er übernimmt den Verkehr nach aussen selbst. Auch die
industrielle Production soll sich möglichst in den Grenzen
der heimischen Bedürfnisse halten und nicht für den Ex-
port arbeiten. Ein solcher, nach Möglichkeit auf sich
selbst beschränkter Staat kann nur ein Agrarstaat sein.

Das ist die neue Form, in der Platon jetzt das sociale
Problem lösen will. Die Zahl der Bürger soll beschränkt
sein und ihre dauernde Einhaltung durch die Ehegesetz-
gebung gesichert werden. Nach derselben Zahl wird das
gesamte Gelände in gleiche Lose geteilt, sodass jeder Bürger
eins davon zu erblichem Besitz erhält. Für die überzähligen
Kinder wird durch Adoption in kinderlose Ehen, durch
freie Dienstleistungen oder durch Auswanderung gesorgt.
Niemals dürfen mehrere Lose in einer Hand vereinigt
werden. Aber auch der bewegliche Besitz ist auf ein sehr
geringes Maximalmass beschränkt. Die Unterschiede darin,

wie sie sich aus der eventuellen Verschiedenheit des Boden-
ertrages und aus dem Fleiss und der Sparsamkeit des
Einzelnen, sowie aus der Ausdehnung seiner Familie ergeben können, schwanken zwischen so nahen Grenzen, dass
es zu erheblichen Vermögensverschiedenheiten nicht kommen
kann: es giebt weder Reiche noch Bettler. Gold und Silber
dürfen im Lande nicht gehalten werden; für Kauf und
Verkauf cursiert ein an sich wertloses Geld, das auswärts
nicht gilt.

Wie somit an die Stelle der Besitzlosigkeit der „Wächter"
ein engbegrenztes Privateigentum tritt, so ist zwar die
Familie in dem neuen Staate wieder eingeführt, aber auch
sie steht unter wesentlichen Beschränkungen. Schon die
Eheschliessung wird staatlich, wenn nicht bestimmt, so
doch überwacht, und dasselbe gilt von der Kindererzeugung.
Von einem wirklichen Familienleben dagegen ist so wenig
die Rede, dass auch hier wiederum die Speiseverbände dieselbe Rolle spielen wie in der „Politeia". Denn das Leben
aller Bürger soll im Ganzen etwa so geordnet sein, wie
das der „Wächter", und die Gleichstellung der Geschlechter
wird in ähnlicher Weise wie dort aufrechterhalten: die
Folge davon ist selbstverständlich, dass auch die Kinder
von Staatswegen ihre gemeinsame Erziehung erhalten, und
unter den Beamten des Staates der „Gesetze" nimmt den
vornehmsten Rang der Erziehungsdirector ein.

Die Abweichungen jedoch von dem früheren Entwurf,
die damit immerhin verlangt sind, bringen es mit sich,
dass nunmehr auch das ganze bürgerliche Leben einer ge-
setzlichen Regelung unterworfen werden muss, der sich
die „Politeia" vermöge der Absonderung des dritten Standes
enthoben halten durfte. Deshalb bieten die „Gesetze" einen
sehr ausführlichen Civil- und Criminalcodex, der wegen
seiner im einzelnen sichtlichen Anlehnung an die geschichtlich vorliegenden Gesetzgebungen, und in diesem
Falle besonders an die attische, von hohem antiquarischen
Interesse ist. Die ethisch-religiöse Grundlage dieser Bestim-

mungen bringt Platon durch die „Prœmien" zum Ausdruck, die als begründende und zugleich ermahnende Reflexionen dem Ganzen und den besonderen Teilen des Gesetzbuchs vorausgeschickt werden sollen. Der Geist dieser Gesetze aber ist die strengste Regelung nicht nur des öffentlichen, sondern auch des Privatlebens bis in die letzten Einzelheiten hinein, ein religiöses und mathematisches Abzirkeln aller Verhältnisse und ein ängstliches Kleben an der überlieferten Lebensform. Zwar spricht Platon den schönen Grundsatz aus, die Aufgabe des Staates sei es, die einheitliche Ordnung mit der Freiheit in Einklang zu setzen, und in staatsrechtlicher Hinsicht sucht er dies Princip wirklich durchzuführen; die Verfassung, die er vorschlägt, vereinigt aristokratische, oligarchische und demokratische Tendenzen, indem sie für die Besetzung der Ämter ein gemischtes System zur Anwendung bringt, wonach Wahl, Census und Los sich in verschiedenen Verhältnissen mischen, bei der Wahl aber bald Alle, bald nur die Sachkundigen zur Geltung kommen sollen. Allein in der ganzen Handhabung der Gesetze erweist sich dieses agrarische Gemeinwesen als ein Polizeistaat strengster Observanz, nämlich als durch und durch beherrscht von einer religiösen Sittenpolizei.

Dazu kommt als weiteres charakteristisches Merkmal die absichtliche Stabilität dieses Gemeinwesens. Eine Hauptaufgabe des Gesetzgebers ist es, den Staat so einzurichten, dass keine Änderung der Gesetze nötig wird und möglich ist. Deshalb müssen in jeder Richtung alle Regungen niedergehalten werden, die das Althergebrachte zu verändern oder umzustossen drohen. In Kunst und Gewerbe werden alle Neuerungen principiell abgelehnt, jede persönliche Initiative verworfen. Mit ängstlicher Vorsicht schliesst sich dieser Staat gegen jedes Eindringen fremder Sitten und Gebräuche, neuer Einrichtungen oder gewerblicher Verbesserungen ab, und nur in Ausnahmefällen soll den Bürgern eine Reise in's Ausland gestattet sein, wobei aber grosse Sorge getragen wird, dass sie ja nicht etwa bei der Rückkehr Neuerungen importieren.

So ist wiederum die Freiheit der Persönlichkeit auf das äusserste beschränkt und mit der Selbständigkeit der Individuen auch der Fortschritt des Ganzen unterbunden. Dieser agrarische Polizeistaat will nichts als sich erhalten: und wie eng steht es um das innere.Leben seiner Bürger! Was tun sie überhaupt? Sie sorgen für ihren notdürftigen Lebensunterhalt — die physische Arbeit dazu lassen sie ausserdem in der Landwirtschaft und im Gewerbe durch Sklaven oder fremde Tagelöhner besorgen — und nehmen an den militärischen Übungen, auch wohl einmal am mathematischen und theologischen Unterricht, dazu an den Festen, den Wahlen, den Gerichtssitzungen teil: im Übrigen aber fehlt es ihnen an jedem Interesse, an jedem Stachel höherer Betätigung. Wir erschrecken, wenn wir bedenken, dass es ein grosser Philosoph ist, der seinem Volke als Ideal eine Lebensordnung von einem so öden geistigen Inhalt, von einem so geringen Mass des Culturwertes vorschlagen konnte. Ein Platon, der die Griechen zu frommen Bauern machen will!

Am deutlichsten tritt diese befremdende Konsequenz der platonischen Socialreform in der Behandlung der Kunst zu Tage, die in den „Gesetzen" fast noch einseitiger ist als schon in der „Politeia". Es ist merkwürdig, dass Platon, der das Wesen des Schönen so tief und gewaltig erfasste, der Kunst in seinen Begriffsbestimmungen so wenig hat gerecht werden können: als ob er sich nie zum Bewusstsein gebracht hätte, welche schöpferische Kraft er selbst in jedem seiner Werke entfaltete, hat er. alle Kunst immer nur als Nachahmung aufgefasst und deshalb ihren Sinn und Wert immer nur ausser ihrer selbst, in ihrer sittlichen Bedeutung, in der moralischen Stärkung oder der religiösen Erbauung gesehen. Von ihrem Selbstzweck und Eigenwert will er nichts wissen, und wo sie solchen beansprucht, weist er ihn schroff zurück. So hoch und sogar übertrieben die

Bedeutung ist, die er der Musik für die Erziehung zu-
schreibt, so leidenschaftlich wird er — gerade in den „Gesetzen" — gegen die feinere, mannigfaltigere und geist-
reichere Gestaltung, die sie in seiner Zeit annahm. Er
findet nicht heftige Worte genug, um die sittliche Verderbnis zu geisseln, die seiner Meinung nach von solchen
Neuerungen ausgehen müsse: insbesondere ist ihm die Darstellung aller weltlichen Gefühle, alles im engeren Sinne
Lyrische in der Musik verhasst; ihre Aufgabe ist wie ihr
Ursprung principiell in der Einordnung in den religiösen
Kultus zu suchen.

Nicht anders ergeht es der Dichtung. Am glimpf-
lichsten kommt in Platon's Kritik noch die Tragödie fort,
obwohl er auch in ihr an allem Sentimentalen wegen der
„verweichlichenden" Wirkung Anstoss nimmt: viel schlimmer findet er Epos und Komoedie. Insbesondere sind es
wieder die unsittlichen oder respectwidrigen Darstellungen
des Göttlichen, die er wegen ihrer Wirkung auf die jungen
Gemüter gefährlich findet. Deshalb wird schon im „Gorgias" die Dichtung als eine verführerische Schmeichelkunst
mit der Sophistik auf eine Linie gestellt und in Bezug auf
ihren erzieherischen Wahrheitswert sehr niedrig geschätzt.
In gleichem Sinne werden die Dichter aus dem Staate
der „Politeia" ausgewiesen; in den „Gesetzen" wird dasselbe bestimmt, es sei denn, dass sie sich der Controle
seitens der religiösen Sittenpolizei unterwerfen. Es spielt
dabei ein tieferer Gegensatz mit: den Griechen galten ihre
grossen Dichter, insbesondere Homer, als die wahren Volks-
lehrer; sie waren für die Masse das, was nach Platon's
Meinung und in seinem Staate die Philosophen und die
Theologen werden sollten. So sehr er dabei gelegentlich
anerkennen mochte, dass auch im Dichter göttliche Begeisterung, ahnungsvoller „Enthusiasmus" walte — der
Dialog „Jon" handelt davon —, so musste doch um der
Einheit der Lehre willen, die im Staat herrschen sollte,
die persönlich freie Offenbarung des Dichters vor dem

festen und geregelten Dogma der Wissenschaft zurück-
treten. Solange ein Volk solcher Lehre entbehrte, mochte
es bei den Dichtern Belehrung suchen: der von der Wissenschaft beherrschte Staat durfte die Dichtung nur so weit
dulden, als sie sich ihrer Censur unterwarf.

Auch diese schroffe Abwehr alles freien Kunstlebens
folgt schliesslich nur aus dem übersinnlichen Zuge und
Fluge des platonischen Denkens. Das staatliche und ge-
sellschaftliche Leben als die höchste und sinnvollste Erscheinung der Idee in der sichtbaren Welt ist doch nichts
weiter als eine Vorbereitung und Erziehung für das höhere,
himmlische Leben: diesem Grundgedanken hat die „Politeia" eine mehr philosophische, haben die „Gesetze" eine
mehr theologische Darstellungsform gegeben. In beiden
Fällen aber muss es bedenklich erscheinen, das Menschenleben mit Gütern zu schmücken, deren Glanz und Schönheit den Blick von jenem wahren Ziele ablenken könnte.
Wir haben gesehen, dass Platon den vollen Wert dieser
Güter nicht nur persönlich zu schätzen, sondern auch in
seiner philosophischen Ethik (im „Symposion" und im
„Philebos") begrifflich zu begründen wusste: wenn er auf
sie in seiner Staatslehre verzichten zu sollen geglaubt hat,
so bricht darin der asketische Dualismus mit voller Gewalt
durch, und so zeigt sich, dass an seinen socialpolitischen
Reformplänen der Theologe mindestens ebenso viel Anteil
hatte wie der Philosoph.

VII. Der Prophet.

Wenn wir den reichen Gedankeninhalt von Platon's Leben in seinen Beziehungen zu der Griechenwelt betrachten, aus der er hervorgewachsen ist, so finden wir an allen Punkten ein eigenartig zwiespältiges Verhältnis zwischen beiden. Alle Motive seines Denkens stammen aus der griechischen Wirklichkeit und bewahren auch im Geiste des Philosophen ihre Ursprünglichkeit; aber das neue Gebilde, zu dem sie sich in ihm verschlingen, trägt gerade in seiner reifsten und feinsten Gestaltung ein fremdes, ungriechisches Gepräge. Mit allen Fasern in das nationale Leben eingewurzelt, sprengt das neue Gewächs den heimatlichen Boden und ringt sich in eine neue Welt empor.

So ist es schon mit seiner rein wissenschaftlichen Leistung, mit der Zweiweltenlehre. Die ethischen und erkenntnistheoretischen Gegensätze zwischen Sokrates und den Sophisten, die metaphysischen zwischen Heraklit und den Eleaten, die naturphilosophischen zwischen Anaxagoras und Demokrit, — das sind die Elemente, aus denen seine Dialektik ihre metaphysische Weltansicht gewinnt. Und siehe da, eine Lehre von der übersinnlichen Welt, von einer höheren Wirklichkeit springt heraus, der Glaube an eine Wahrheit, die kein Auge gesehen und kein Ohr gehört hat.[1]

---

[1] Zahlreich sind die Anzeichen dafür, wie paradox dem Griechen die Ideenlehre war; am charakteristischsten erscheint die Anekdote, welche dem Diogenes den Ausspruch in den Mund legt: „den Tisch sehe ich, die Tischheit nicht", — worauf ihm Platon geantwortet haben soll: „dafür fehlt dir eben das richtige Auge, — die Vernunft".

Allein dies Ergebnis der Begriffsarbeit vermag sich sogleich ein Ahnen und Drängen der Volksseele zu assimilieren; der mystische Zug des dionysischen Kultus, das Schwärmen der vom Gott besessenen Seelen schmilzt in den Gedanken der höheren Welt ein und lässt in ihr das Reich der Geister, der Götter und Dämonen wiedererkennen. Aber eben damit wird dies Reich in edlerem Sinne vergeistigt und erhält einen sittlichen Inhalt. Aus dem Werk- und Weihedienst, dem Zauberkult der Secte macht Platon einen moralischen Gottesdienst. Er erhebt — und das war wieder ein Gegenstand des Staunens und Verwunderns für den Griechen — den Unsterblichkeitsglauben zum Motiv des sittlichen Lebens; er macht vollen Ernst mit dem Gedanken des übersinnlichen Wesens und der himmlichen Bestimmung der Menschenseele, und er verlangt, dass sie ihr Erdenleben wesentlich danach einrichte. So viel schüchterne Ansätze dazu vorhanden sein mochten, bei ihm zuerst erscheint dies Princip als eine geschlossene Lehre und als eine gewaltige Predigt, — als eine düstere Mahnung in dem Erdengetümmel der Hellenenwelt.

Und diese Mahnung ertönt nicht nur an den Einzelnen, dass er seiner Seele Heil bedenke, sondern auch an die ganze Nation. Auch hier spricht Platon aus der Tiefe des Volksbewusstseins heraus; dem Schmerz und der Bedrängnis des geschlagenen und zerrütteten Staates giebt er Ausdruck, die Wunden des Krieges möchte er heilen, die Leidenschaften beruhigen, dem Zerfall des öffentlichen Lebens Einhalt tun. Wo es noch Brauchbares an alten Sitten und Einrichtungen giebt, da möchte er es erhalten und neu gestärkt wissen. Aber die neue Lebenseinheit, deren sein Volk bedürfen würde, um sich aus der Auflösung wieder zusammenzuraffen, kann er nicht im Umkreise des wirklichen Staats- und Gesellschaftslebens finden, er muss es aus der religiösen Überzeugung holen, und so mutet er der griechischen Polis zu, eine Erziehungsanstalt für das ewige Leben zu werden. Auch in seiner socialen Reform bricht

mitten aus den Gewohnheiten des Griechentums ein neues
welterschütterndes Princip hervor.

So erhebt Platon über der Fäulnis und Zersetzung der
griechischen Wirklichkeit die Fahne des Übersinnlichen.
In der Hingebung an die höhere Welt besteht ihm allein
das Heil des irdischen Daseins. Und so ersteht er seinem
Volke als ein Prophet, der es aus seiner Not und Ent-
zweiung zu neuem und besserem Leben erwecken will.
Erfüllt und getragen von dem Bewusstsein einer neuen
Wahrheit, die er als Offenbarung zu verkünden berufen
ist, fährt er im lodernden Zorn gegen die Schäden der
Zeit daher und sucht die Begeisterung für die neue Lehre
in die Herzen seines Volkes zu pflanzen.

Aber der Prophet gilt nicht in seinem Vaterlande.
Platon's socialpolitische Reform blieb völlig wirkungslos und
musste es bleiben; sie füllte den neuen Wein in den alten
Schlauch. Die griechische Polis, die ihr bestes Wesen in
Athen ausgelebt und abgelebt hatte, konnte den neuen
Inhalt, den ihr Platon geben wollte, nicht tragen. So ist
von unmittelbaren Wirkungen seines Versuchs in der griechischen Geschichte nichts zu verspüren. Auch das religiöse Leben, selbst der ihm nahe stehenden Secte, ging
seinen alten Weg des hergebrachten Kult- und Zauber-
dienstes weiter; es vermochte weder den wissenschaftlichen
noch den sittlichen Inhalt, den der Philosoph ihm hatte
zuführen wollen, sich lebendig zu eigen zu machen; es ist
keine Spur davon zu sehen, dass das Dogma, wie er es
zu begründen begann, irgendwie über den Kreis der Akademie hinaus in der nächsten Zeit die religiöse Praxis vertieft und umgestaltet hätte.

Auch in der griechischen Wissenschaft hat Platon
zwar tiefe und gewaltige Wirkungen ausgeübt, aber nicht
in der Richtung, die ihm zunächst am Herzen lag. Die
politisch-socialen Interessen traten schon zu seinen Lebzeiten in der Akademie mehr und mehr zurück, und der
Verein nahm einen rein wissenschaftlichen Charakter an.

Dabei wurde — dem allgemeinen Zuge der Zeit gemäss —
das Übergewicht der Gelehrsamkeit und der empirischen
Forschung immer stärker, und was von metaphysischem
Interesse übrig blieb, wurde von Platon's Nachfolgern zuerst an pythagoreisierenden Zahlenspeculationen ermüdet
und sodann, besonders durch Xenokrates, in rein theologische Bahnen gelenkt, sodass es in ein System der Götter-
und Dämonenlehre auslief. Die Ideenlehre dagegen in
ihrem rein philosophischen Sinne war sehr bald durch die
glückliche Umbildung verdrängt worden, die ihr Aristoteles
gab. Dieser hob die reale Scheidung des Wesens und des
Werdens wieder auf; er lehrte wieder nur noch eine Welt,
in der das Wesen selbst als Werden wirklich sei, und er
fand diese Vermittlung durch den Begriff der Entelechie
oder der Entwicklung. Damit gerade war das Ungriechische
aus Platon's Weltansicht wieder ausgeschieden, und deshalb wurde die aristotelische Lehre zu der abschliessenden
Metaphysik der griechischen Philosophie. In dieser abgeschwächten, insbesondere des Dualismus entledigten Form
mussten die schöpferischen Gedanken der Ideenlehre zunächst weiterwirken.

Am bedeutsamsten ist Platon's Einfluss auf den Betrieb
der griechischen Wissenschaft durch das grosse Beispiel
der Organisation geworden, das er in der Akademie gegeben hatte. Sie wurde das Muster der übrigen Schul-
bildungen, die sich noch während des vierten Jahrhunderts
in Athen vollzogen: der peripatetischen, der stoischen, der
epikureischen. Der ausgedehnte und methodisch geregelte
Fortgang der wissenschaftlichen Arbeit, der sich dann im
alexandrinischen Zeitalter auch an den im Osten erstehen-
den Bildungscentren fortsetzte, geht zuletzt auf die Organisation der Akademie zurück, und wenn diese auch von
Aristoteles in noch vollkommenerer und fruchtbarerer Weise
ausgestaltet wurde, so lag doch ihr Ursprung und ihr
Sinn immer in dem intimsten Wesen des platonischen
Geistes.

Der Wettkampf dieser Schulen jedoch bezog sich nicht mehr auf metaphysische Principien, sondern teils auf die erfolgreiche Bearbeitung der Specialwissenschaften, teils besonders auf das sittliche Lebensideal. In letzterer Hinsicht suchte die Akademie eine ausgleichende Stellung einzunehmen, und wenn sie sich dabei in ihrer „Metriopathie" an die Güterlehre des „Philebos" hielt, so verzichtete sie doch auf den Abschluss, den diese in der dialektischen Idee des Guten gefunden hatte. Noch mehr wurde die Schule der Ideenlehre untreu, als sie für eine Anzahl von Generationen der skeptischen Denkart anheimfiel; und erst im letzten Jahrhundert v. Chr. sehen wir sie sich zu den Grundgedanken ihres Stifters zurückwenden.

Allein wenn so Dasjenige, worin wir Platon's Eigenart und die dem Griechentum fremde Neuheit seines Wesens gefunden haben, — dies Herausragen aus der sinnlichen in die übersinnliche Welt — auf seine nächste räumliche und zeitliche Umgebung einen im Ganzen nur schwachen Einfluss ausgeübt zu haben scheint, so ist doch im Laufe der Zeit die Wirksamkeit dieses Propheten aus seinem Volke, an das er zunächst dachte und sich wandte, mit siegreicher Gewalt zu weltgeschichtlicher Bedeutung hervorgebrochen, und was er wollte, ist in ungeahnter Kraft und Ausdehnung zur Verwirklichung gelangt. Haben wir bisher uns vorgeführt, was er für seine Schule durch die philosophische Lehre, für seine Gemeinde durch seine Theologie, für seine Nation durch seine Reformpläne getan und gewollt hat, so bleibt uns noch übrig, uns zum Bewusstsein zu bringen, was er mit all diesem gewesen ist und ist für — die Menschheit.

Die Gesellschaftsideale der „Politeia" und der „Gesetze" enthalten eine straffe Anziehung und zum Teil eine Überspannung des Staatsgedankens, die an die wertvollsten Erinnerungen der griechischen Geschichte appellierte und trotzdem in der allgemeinen Auflösung des griechischen Wesens wirkungslos verhallen musste. Sie predigen aber

nicht nur den Localpatriotismus des Stadt-Staates, sondern
auch das griechische Nationalbewusstsein mit der eindring-
lichsten Kraft; allein sie heben jede Form der Vaterlands-
liebe auf eine ideale Höhe, indem sie ihr von den physischen Voraussetzungen her einen geistigen Inhalt zu geben
suchen. Weder die natürliche Notwendigkeit noch die
Interessengemeinschaft reichen zu dem platonischen Staats-
begriffe aus; ein wahrhaft gemeinsames Leben, eine dauernde
und wertvolle Zusammengehörigkeit von Menschen ist für
ihn nur durch ihre intellectuelle Einheit möglich. Die
Gemeinschaft der Überzeugung, das Zusammenarbeiten an
dem geistigen Gesamtinhalt des Lebens ist das wahre Band,
das die Masse der Individuen zu einer organischen Einheit
verknüpft.

Damit spricht Platon den Begriff des Kulturstaates
aus. Nur ein Grieche konnte es tun; denn kein Volk
zuvor hatte die physische Lebensgemeinschaft und den
technischen Apparat des Interessenausgleichs zu einem
geistigen Gesamtleben gesteigert, dessen sich der Einzelne
in freier Selbständigkeit bewusst werden durfte. Aber auch
der Grieche musste die allzu menschliche Wirklichkeit des
Staatslebens seines Volkes auf das in ihr heraufdämmernde
Ideal potenzieren, um zu dieser Formulierung ihres Wesens
zu gelangen. Selbst wenn er jedoch sich dabei mit einem
so dürftigen intellectuellen Gesamtinhalt der staatlichen
Gemeinschaft begnügte, wie es in den „Gesetzen" geschah,
so war eben trotzdem darin die Einsicht ausgesprochen,
dass nur in solchem geistigen Gesamtleben die sittliche
Berechtigung alles staatlichen Zwanges und aller Unterordnung der Individuen unter das Gesetz begründet ist.
Und ohne jede unmittelbare Anlehnung an Platon's Lehre
ist die Geschichte der abendländischen Völker diesen Weg
gegangen, dass ihre von den historischen Voraussetzungen
aus wechselnden Staatenbildungen ihren Gang nach diesem
Richtpunkte der geistigen Einheit genommen haben: das
Princip der Nationalstaaten hat darin seine letzte Wurzel.

Für den Gewinn und die Aufrechterhaltung dieser geistigen Einheit des öffentlichen Lebens hat Platon das richtige Mittel in der staatlichen Erziehung gesehen. Die Forderung, die er damit aufstellte, kannte die griechische Gesellschaft nicht, und sie hat sie sich ebensowenig angeeignet wie die römische. Der Gedanke daran musste den Völkern, die sich einer autochthonen, in sich selbst allmählich sich herausbildenden Kultur erfreuten, fremd sein und fremd bleiben. Er ergab sich dagegen von selbst für die nachkommenden Völker, die in eine überlieferte Kultur hineinwuchsen und mit ihrem staatlichen Leben den Zusammenhang einer intellectuellen Tradition übernahmen. Deshalb gilt uns heute die staatliche Erziehung als etwas völlig Selbstverständliches; sie stellt die innere Einheit des Volkes über dem Wechsel der Generationen, die geistige Selbsterhaltung und Selbsterneuerung des Staatskörpers dar, und sie gilt uns in ihrer ganzen Ausdehnung ebenso als ein unverbrüchliches Recht wie als eine unabweisliche Pflicht des Kulturstaates. Um so bedeutsamer erscheint es, dass Platon auch dieses Moment in seinem vollen Werte erkannt und es im Gegensatze gegen die Gewohnheit und die Meinung seines Volks und seiner Zeit verlangt hat.

Mit der Verstaatlichung der Erziehung hängt aber auf das Innigste auch die Forderung Platon's zusammen, dass die wissenschaftliche Bildung zur Regierung des Gemeinwesens berufen sei. Sie hat freilich niemals ihre Erfüllung in der radicalen Form finden können, dass nur den „Philosophen" die Herrschaft zugefallen wäre: davor hat die Geschichte das menschliche Geschlecht gnädig bewahrt. Aber schon das römische Reich hat in der Organisation seiner riesigen Verwaltung eines wissenschaftlich und technisch geschulten Beamtenstandes bedurft; die mittelalterliche Lebensordnung hat, zumal in Bezug auf die Rechtsverhältnisse, ähnliche Erscheinungen zu Tage gefördert, und der modernen Welt ist der sokratisch-platonische Gedanke, dass die Befähigung zum staat-

lichen Amt durch eine theoretische Ausbildung gewonnen
und bewährt werden müsse, wiederum so in Fleisch und
Blut übergegangen, dass er zum unentbehrlichen Bestandteil der heutigen Gesellschaftsordnung geworden ist. So
mannigfach Geburt und Freundschaft, Vermögen und per-
sönlicher Einfluss Ansprüche auf politische Bedeutung gewähren mögen — die Herrschaft derer, die etwas gelernt
haben, das Schwergewicht des wissenschaftlich gebildeten
Beamtentums ist ein platonisches Moment unserer socialen
Zustände, das auch das leidenschaftliche Interessengetriebe
des parlamentarischen Regiments überdauern wird. Je
mehr sich mit seiner fortschreitenden Entwicklung das
menschliche Kulturleben auf den Ergebnissen seiner intellectuellen Arbeit aufbaut, um so weniger kann es der
Aristokratie des Erkennens entraten, deren ideales Urbild
Platon gezeichnet hat.

Ebensoweit hat Platon seiner Zeit vorausgeschaut,
wenn er das Heil der Zukunft in der Herrschaft eines
Dogmas suchte. Ein solches Verlangen war durch und
durch ungriechisch. Denn das religiöse Leben der alten
Völker bestand wesentlich im Kultus und liess an sich der
um dessen Bedeutung spielenden Phantasie den freiesten
Spielraum. Nur einen Kultzwang kannte deshalb der
antike Staat, und mehr hat auch der römische nie ausgeübt. In Platon's Gedanken der Überzeugungseinheit
aber, ohne welche ein vernünftiges Gemeinwesen nicht
bestehen könne, lag von vorn herein auch die Tendenz zu
einem Gewissenszwange. Eine Lehre galt als die feste
Grundlage des Staates, und zu den ersten Pflichten des
Bürgers musste deshalb auch die Anerkennung und Be-
folgung dieser Lehre gehören. Ihr gegenüber durfte von
einer Freiheit und Selbständigkeit der Individuen keine
Rede sein: sie waren nicht nur in ihrem Leben, sondern
auch in ihrem Fürwahrhalten an jene höchste inhaltliche
Einheit des Staatswesens gebunden.

Darin lag die grosse Gefahr des platonischen Grund-

gedankens. Die „Politeia" wie die „Gesetze" sprechen
ihn mit voller Unumwundenheit aus. Wer der Wahrheit
so sicher zu sein glaubt wie Platon, wer in dieser Wahrheit
das einzige Heil des irrenden und sündigenden Menschen-
geschlechts erfasst zu haben meint, der muss verlangen, dass
diese Lehre nicht nur die äussere Ordnung des gemeinsamen Lebens, sondern auch innerlich die Glaubensüber-
zeugung jedes einzelnen Mitgliedes dieses Gemeinwesens
bestimme: denn nur dadurch kann der Einzelne ihm wirklich auch innerlich und vollkommen angehören.

Nun hat schon Platon selbst auf dem Übergange von
der „Politeia" zu den „Gesetzen" diese dogmatische Einheit
aus der philosophischen in die theologische Form übergeführt: und so betrachtet, kündet sich in seinen socialpolitischen Forderungen die kirchliche Organisation
der Gesellschaft an. Wir brauchen nicht einmal an
die secundären Analogien zu denken, welche das Mönchs-
und Priestertum des römischen Christentums zu den besitz-
und ehelosen „Wächtern" der „Politeia" darbietet, oder
an die bedingungslose Unterwerfung auch dieser „Gehilfen"
unter den Geist und Zweck des Ganzen — es genügt
schon das Merkmal des Glaubenszwanges und seiner Durchführung im bürgerlichen Leben, um die tiefe Verwandtschaft der römisch-katholischen Lebensordnung mit den
socialpolitischen Idealen Platon's zu Tage treten zu lassen.
Die Herrschaft der Lehre — das ist das Entscheidende
in beiden. In diesem Sinne hat das mittelalterliche Ge-
sellschaftssystem des Abendlandes tatsächlich erfüllt, was
Platon vorahnend verlangt hatte, und die europäische
Menschheit hat die Gefahren dieses Princips in ihrer ganzen Grösse und Ausdehnung bis auf den letzten Rest aus-
kosten müssen.

Allein noch tiefer greift Platon's prophetische Bedeutung, und sie trifft damit das Tiefste und Edelste seines
Wirkens. Sein Gedanke der übersinnlichen Welt, aus
dem Griechentum geboren und vom Griechentum verschmäht,

sollte das Lebensprinzip der Zukunft werden. Wenn aber
der Schwerpunkt des menschlichen Wollens aus der irdischen Welt in das Jenseits verlegt wurde, wie es Platon
mit aller Entschiedenheit verlangte, so begann damit die
grösste „Umwertung aller Werte", welche unser Geschlecht
in seiner Entwicklung erfahren hat. Eine Entwertung der
Erdengüter des Besitzes und der Ehre und ebenso eine
Entwertung der alltäglichen bürgerlichen Moral — das
waren Folgerungen, die schon Platon zu ziehen kein Bedenken trug. Bedeutsamer jedoch als diese negative, war
die positive Seite des Vorgangs: das Ergreifen der Werte
der Innerlichkeit, die Erhebung des Heiles der unsterblichen Seele zum Mittelpunkte alles Wollens. Damit öffnen
sich die Quellen eines völlig neuen Lebens, und Niemand
hat diese Verinnerlichung, diese Vertiefung des Bewusstseins in sich selbst, der das Altertum als seinem letzten
und höchsten Kulturergebnis zustrebte, so einfach und
grossartig ausgesprochen wie Platon.

Wie ein befremdendes Wunder tritt dieser Gedanke
aus Platon's Lebenswerk in die erdenfrohe Griechenwelt.
Aber schon begannen — das gerade hatte er ja gesehen
und verstanden — schon begannen die Zeiten, in denen
mit der völligen Zersetzung des öffentlichen Lebens, mit
dem Verlust der politischen Selbständigkeit, mit dem Herein-
brechen des Elends eines durch Gewalt und Verbrechen
zusammengehaltenen Weltreichs auch dem Griechen der
Trank des Erdenlebens schaal wurde. Schon wusste der
„Weise" nichts Besseres, als sich aus dem Weltlauf auf
sich selbst, auf die „Unerschütterlichkeit" seines inneren
Bewusstseins, auf den Selbstgenuss und die Selbstgenügsamkeit seiner „Tugend" zurückzuziehen. Die Flucht aus
der Sinnenwelt begann, ein fieberhaftes Sehnen ergriff die
Völker, und über den Trümmern des irdischen Glücks
erschien die Ahnung einer übersinnlichen Seligkeit. So
hat es nur weniger Jahrhunderte bedurft, um dem Gedanken, der in den Werken des attischen Philosophen als

wissenschaftlich geformte Lehre geboren war, die Welt zu
erobern und sie zum Platonismus zu bekehren.

Als dann um die Wende unserer Zeitrechnung das
orientalische Religionsleben in die Kulturwelt der Mittel-
meervölker einströmte, da wurde Platon's Philosophie zum
Krystallisationspunkt der grössten Gedankenverschmelzung,
welche die menschliche Geschichte gesehen hat. Der
Dualismus der übersinnlichen und der sinnlichen Welt, wie
ihn die Ideenlehre begrifflich darbot, wurde zum Grundriss aller religiösen Vorstellungen, und Platon's Theologie
wurde zur Mutter zahlreicher theologischer Systeme. Seitdem die Neupythagoreer damit begonnen, war der religiöse Platonismus für Jahrhunderte der einheitliche
Grundzug des abendländischen Denkens, und er beherrschte
als wissenschaftliches Princip die beiden grössten Systeme
des religiösen Glaubens: die Theologie des Neuplatonismus
und die Kirchenlehre des Christentums.

Schluss.

Es würde für die dieser Darstellung gesetzten Grenzen eine viel zu weit führende Aufgabe sein, die wissenschaftlichen Wirkungen, welche Platon's Lehren in der Geschichte der Philosophie gehabt haben, auch nur in den wichtigsten Beziehungen näher zu verfolgen: der Universalienstreit des Mittelalters, die Begründung des Begriffs des „Gesetzes" für die moderne Naturwissenschaft, die Erkenntnistheorie des deutschen Idealismus seit Leibniz — sie zeigen schon allein, dass die Ideenlehre eine dauernde und unvergleichlich mächtige Lebenskraft besitzt: sie ist ein schöpferischer Grundtrieb der wissenschaftlichen Erkenntnis und ein immer wiederkehrendes Motiv des philosophischen Denkens geblieben bis auf den heutigen Tag, ebenso wie Platon's Werke eine Quelle des Entzückens und der Erhebung gewesen sind und sein werden für Tausende und Abertausende.

Wenn im letzten Kapitel nicht dieses wissenschaftliche Weiterwirken der platonischen Begriffe, sondern wesentlich die Züge hervorgehoben worden sind, in denen das Leben der europäischen Menschheit sich der Verwirklichung der Ideale angenähert hat, die der Philosoph aufstellte, so geschah es, weil das Grundwesen seiner Persönlichkeit es so und nicht anders verlangt. Er ist eben kein stiller Forscher oder absichtsloser Denker: er gehört zu denen, welche die Wahrheit wissen wollen, um sie zu verwirklichen. Darin liegt der Kern seines Lebenswerks. Die Wissenschaft soll die Führerin, die Herrin des Lebens sein: darum aber muss sie selbst von den tiefsten Zwecken und Werten des Lebens erfüllt sein und

von ihnen aus die Dinge verstehen lehren. Es ist eine
tiefinnerliche Wechselwirkung zwischen Wissenschaft und
Leben, die in Platon ihre erste und ihre eindrucksvollste
Verkörperung gefunden hat.

Hegel hat uns gelehrt, die Geschichte der Philosophie
als den Process aufzufassen, worin der gedankliche Inhalt
des ganzen menschlichen Kulturlebens zu begrifflicher Ab-
klärung und Gestaltung gelangt. Alles, was in Staat und
Gesellschaft, in Religion und Kunst, in Dichtung und
Wissenschaft das Volksleben nach seinen verschiedenen
Richtungen als mehr oder minder deutlich bewusstes Motiv
bestimmt, das formt sich in der Philosophie zu begrifflicher
Einheit. So ist sie das Selbstbewusstsein des Kulturgeistes,
und ihre eigne wechselvolle Geschichte ist nur der Spiegel
von dessen rastloser Lebendigkeit. Allein das philosophische
Denken begnügt sich nicht mit dieser abspiegelnden Wiederholung: indem die das wirkliche Leben beherrschenden
Motive in die Klarheit des begrifflichen Wissens erhoben
werden und sich darin gegenseitig durchdringen, erfahren
sie Umgestaltungen und Umwertungen mannigfacher Art,
und in dieser neuen Gestalt werden sie selbst bestimmende
Mächte des Kulturprocesses in seinen besonderen Aus-
zweigungen. So entspringen an den grossen Verschling-
ungscentren des philosophischen Denkens kräftige Ströme,
die sich in das wissenschaftliche und künstlerische, das
religiöse und sociale Leben zurückergiessen.

An diesem Doppelprocess haben die einzelnen Philosophen verschiedenen Anteil. Die einen sammeln als vor-
wiegend theoretische Denker die zerstreuten Strahlen des
Zeitbewusstseins und lassen sich an dem wohlgefügten
Bilde genügen, das sich ihnen daraus gestaltet: die andern,
die praktischen Denker, wollen das volle Licht auf das
wirkliche Leben zurückfallen und darin zur erweckenden
und befruchtenden Macht werden lassen.

Wir können nicht zweifelhaft sein, zu welcher Art
wir Platon zu rechnen haben. Wohl kommt in seinem

Philosophieren alles Höchste und Feinste, was die Griechen
in ihrem reichen und vielgestaltigen Leben hervorgebracht
haben, zu so leuchtend klarer Erscheinung, dass wir immerdar Jeden, der das Wesen dieses vornehmsten aller Kultur-
völker an der reinsten Quelle kennen lernen will, in erster
Linie an Platon's Schriften weisen werden: aber aus diesem vollen Verständnis seines Volkes und seiner Zeit hat
Platon ein neues Princip gewonnen, und weit entfernt, im
Anschauen der übersinnlichen Welt zu ruhen, holt er vielmehr aus ihr die neuen Lebensideale, um sie der alten
Wirklichkeit einzubilden.   Mit leidenschaftlichem Mute
nimmt er den Kampf gegen die Mächte der Erde auf und
ringt mit allen Kräften der Seele danach, „die Welt zu
bessern und zu bekehren".

Deshalb gehört Platon nicht zu den seligen Geistern,
die das grosse Bild des Wirklichen in sich aufnehmen und
es in wunschlosem Frieden anschauen: aber von allen
Geistern, die da wollen, ist er der vornehmste gewesen —
und geblieben.

Frommanns Klassiker der Philosophie.

Herausgegeben von

Prof. Dr. Richard Falckenberg in Erlangen.

Strassburger Post: Auch wir möchten diese Sammlung von Monographien dem deutschen Publikum aufs wärmste empfehlen, ja, wir nehmen keinen Anstand, diese klar geschriebenen Einführungen in das Reich der Denkerfürsten als den Grundstock jeder gediegenen Privatbibliothek zu bezeichnen. Dazu eignen sich die Monographien, nebenbei bemerkt, auch durch ihre vornehme Ausstattung.

I. G. Th. Fechner.

Von Prof. Dr. K. Lasswitz in Gotha.

214 S. Brosch. M. 1.75. Gebd. M. 2.25.

I. Leben und Wirken. — II. Das Weltbild. 1. Die Bewegung. 2. Das Bewusstsein.

Zur Einführung in dieselben können wir uns keinen besseren Führer wünschen, als das vorliegende Buch, das in seinem ersten Teil Fechners Leben und Wirken schildert, im zweiten eine verständnisvolle und allgemeinverständliche Darstellung des Weltbildes giebt, mittels dessen der grosse Denker sich die Rätsel des Daseins zu deuten suchte. (Dtsche. Medicin. Ztg.)

II. Hobbes

Leben und Lehre.

Von Prof. Dr. Ferd. Tönnies in Kiel.

246 S. Brosch. M. 2.— Gebd. M. 2.50.

I. Leben des Hobbes. — II. Lehre des Hobbes: Logik. Grund-Begriffe. Die mechanischen Grundsätze. Die Physik. Die Anthropologie. Das Naturrecht.

Die vorliegende Darstellung hat zum Verfasser den besten Hobbes-Kenner in Deutschland, der ein ebenso congeniales Verständnis auch für das Ethos seines Helden zeigt, wie Lasswitz für Fechner. (Histor. Zeitschrift.)

III. S. Kierkegaard

als Philosoph.

Von Prof. Dr. H. Höffding in Kopenhagen.

186 S. Brosch. M. 1.50. Gebd. M. 2.—.

I. Die romantisch-spekulative Religionsphilosophie. — II. K's. ältere Zeitgenossen in Dänemark. — III. K's. Persönlichkeit. — IV. K's. Philosophie.
... Das Studium Kierkegaards ist schwierig; wir glauben, dass es durch diese ausgezeichnete Biographie sehr viel leichter geworden ist. (Dtsche. ev. Kirchenztg.)

IV. Rousseau

und seine Philosophie.

Von Prof. Dr. H. Höffding in Kopennagen.

158 S. Brosch. M. 1.75. Gebd. M. 2.25.

I. Rousseaus Erweckung und sein Problem. — II. R. und seine Bekenntnisse. — III. Leben, Charakter und Werke. — IV. Die Philosophie Rousseaus.

Einer fein ausgeführten Charakteristik, die uns Höffding von den autobiographischen Schriften Rousseaus giebt, folgt die Darstellung der grossen Irrfahrt seines Lebens, dann die Charakteristik seiner Werke. Jene ist ausgezeichnet durch die Tiefe des Verständnisses und die darauf beruhende Freiheit und Milde des Urteils, diese durch Weite des Blickes und Sicherheit der geschichtlichen Orientierung. (Dtsche. Litteraturztg.)

V. Herbert Spencer.

Von Dr. Otto Gaupp in London.

Mit Spencers Bildnis. 168 S. Brosch. M. 1.75. Gebd. M. 2.25.

I. Spencers Leben. — II. Spencers Werk. 1. Zur Entstehungsgeschichte der Entwicklungsphilosophie. 2. Die Prinzipienlehre. 3 Biologie und Psychologie. 4. Soziologie und Ethik.

Es ist eine überaus schwierige Aufgabe, den Universalphilosophen auf etwa 170 Seiten dem Leser zugänglich zu machen. Otto Gaupp hat diese Aufgabe vorzüglich gelöst . . . Wir glauben dem Werke keine bessere Empfehlung geben zu können, als durch den Ausdruck der Ueberzeugung, dass jeder, der diese Einführung gelesen hat, auch den Wunsch hegen muss, Spencer selbst zu studieren. — Eine fesselnd geschriebene Biographie leitet die Darstellung der Lehre Spencers ein. (Münch. N. Nachr.)

VI. Fr. Nietzsche.

Der Künstler und der Denker.

Ein Essay von Prof. Dr. Alois Riehl in Halle.

Mit Nietzsches Bildnis. 2. Aufl. 132 S. Brosch. M. 1.75. Gebd. M. 2.25.

I. Die Schriften und die Persönlichkeit. — II. Der Künstler. — III. Der Denker.

Unter den zahlreichen Schriften, die in letzter Zeit von Universitätsprofessoren über das Thema erschienen sind, dürfte das Riehl'sche Buch den ersten Rang einnehmen. Riehl ist dem vielverlästerten paradoxen Denker bis in die geheimsten Wandelgänge seines abgründlichen Denkens gefolgt und hat den Werdegang des Dichterphilosophen klar erfasst und objektiv wiedergegeben. . . . Wer an der Hand eines feinsinnigen und wirklich kundigen Führers an ihn herantreten will, der greife zu diesem Buch. (Die Zeit.)

VII. J. Kant.

Sein Leben und seine Lehre.

Von Prof. Dr. Friedr. Paulsen in Berlin.

Mit Kants Bildnis und Brieffaksimile aus 1792.

2. bis 3. Aufl. 420 S. Brosch. M. 4.—. Gebd. M. 4.75.

Die klare Darstellung, die den Kantischen Schematismus zuweilen erst durchsichtig macht, die Lösung der Hauptgedanken aus der Fülle des Details ist bezeichnend wie für alle Schriften, so auch für dieses Werk Paulsens. Das auch äusserlich vornehm ausgestattete Buch wird an seinem Teile ein guter Diener der „Königin der Wissenschaften" und ein tüchtiger Führer für deren Jünger sein. (Leipz. Zeitg.)

VIII. Aristoteles.

Von Prof. Dr. Herm. Siebeck in Giessen.

144 S. Brosch. M. 1.75 Gebd. M. 2.25.

IX. Platon.

Von Prof. Dr. Wilhelm Windelband in Strassburg.

Mit Platons Bildnis. 196 S. Brosch. M. 2.—. Gebd. M. 2.50.

Einer fein ausgeführten Charakteristik, die uns H ö f f d i n g von den autobiographischen Schriften R o u s s e a u s giebt, folgt die Darstellung der grossen Irrfahrt seines Lebens, dann die Charakteristik seiner Werke. Jene ist ausgezeichnet durch die Tiefe des Verständnisses und die darauf beruhende Freiheit und Milde des Urteils, diese durch Weite des Blickes und Sicherheit der geschichtlichen Orientierung. (Dtsche. Litteraturztg.)

V. Herbert Spencer.

Von Dr. Otto Gaupp in London.

Mit Spencers Bildnis. 168 S. Brosch. M. 1.75. Gebd. M. 2.25.

I. Spencers Leben. — II. Spencers Werk. 1. Zur Entstehungsgeschichte der Entwicklungsphilosophie. 2. Die Prinzipienlehre. 3 Biologie und Psychologie. 4. Soziologie und Ethik.

Es ist eine überaus schwierige Aufgabe, den Universalphilosophen auf etwa 170 Seiten dem Leser zugänglich zu machen. Otto G a u p p hat diese Aufgabe vorzüglich gelöst . . . Wir glauben dem Werke keine bessere Empfehlung geben zu können, als durch den Ausdruck der Ueberzeugung, dass jeder, der diese Einführung gelesen hat, auch den Wunsch hegen muss, S p e n c e r selbst zu studieren. — Eine fesselnd geschriebene Biographie leitet die Darstellung der Lehre Spencers ein. (Münch. N. Nachr.)

VI. Fr. Nietzsche.

Der Künstler und der Denker.

Ein Essay von Prof. Dr. Alois Riehl in Halle.

Mit Nietzsches Bildnis. 2. Aufl. 132 S. Brosch. M. 1.75. Gebd. M. 2.25.

I. Die Schriften und die Persönlichkeit. — II. Der Künstler. — III. Der Denker.

Unter den zahlreichen Schriften, die in letzter Zeit von Universitätsprofessoren über das Thema erschienen sind, dürfte das Riehl'sche Buch den ersten Rang einnehmen. Riehl ist dem vielverlästerten paradoxen Denker bis in die geheimsten Wandelgänge seines abgründlichen Denkens gefolgt und hat den Werdegang des Dichterphilosophen klar erfasst und objektiv wiedergegeben. . . . Wer an der Hand eines feinsinnigen und wirklich kundigen Führers an ihn herantreten will, der greife zu diesem Buch. (Die Zeit.)

VII. J. Kant.

Sein Leben und seine Lehre.

Von Prof. Dr. Friedr. Paulsen in Berlin.

Mit Kants Bildnis und Brieffaksimile aus 1792.

2. bis 3. Aufl. 420 S. Brosch. M. 4.—. Gebd. M. 4.75.

Die klare Darstellung, die den Kantischen Schematismus zuweilen erst durchsichtig macht, die Lösung der Hauptgedanken aus der Fülle des Details ist bezeichnend wie für alle Schriften, so auch für dieses Werk Paulsens. Das auch äusserlich vornehm ausgestattete Buch wird an seinem Teile ein guter Diener der „Königin der Wissenschaften" und ein tüchtiger Führer für deren Jünger sein. (Leipz. Zeitg.)

VIII. Aristoteles.

Von Prof. Dr. Herm. Siebeck in Giessen.

144 S. Brosch. M. 1.75 Gebd. M. 2.25.

IX. Platon.

Von Prof. Dr. Wilhelm Windelband in Strassburg.

Mit Platons Bildnis. 196 S. Brosch. M. 2.—. Gebd. M. 2.50.

Geschichte der Philosophie im Umriss.

Ein Leitfaden zur Übersicht
von Dr. Albert Schwegler.
15. Aufl. durchgesehen und ergänzt von Prof. Dr. R. Koeber.
402 S. Originalausg. gr. Oktav. Brosch. M. 2.25. Geb. M. 3.—.

Das Schweglersche Werk behält in der philosophischen Geschichtslitteratur bleibenden Wert durch die lichtvolle Behandlung und leichte Bewältigung des spröden Stoffs bei gemeinfasslicher Darstellung, die sich mit wissenschaftlicher Gründlichkeit paart.

Mythologie und Metaphysik.

Grundlinien einer Geschichte der Weltanschauungen
von Prof. Dr. Wilhelm Bender in Bonn.
I. Bd.: Die Entstehung der Weltanschauungen im griechischen Altertum.
296 Seiten. Brosch. M. 4.—.

I. Die Entwicklung der metaphysischen aus der mythischen Weltanschauung. II. Die Entstehung der psychozentrischen Weltanschauung und ihre Ausbildung durch Platon. III. Die drei Hauptformen der kosmozentrischen Weltanschauung. IV. Skepticismus und Synkretismus. Wiederaufleben des asketischen Supernaturalismus in der Endzeit des Griechentums.

Theorie des Gefühls zur Begründung der Ästhetik.

Von Prof. Dr. Max Diez.
172 S. Brosch. M. 2.70.

Psychische Kraftübertragung.

Enthaltend unter anderem einen Beitrag zur Lehre von dem Unterschied der Stände.
Von Exsul.
23 S. Brosch. M. —.50.

John Locke,

ein Bild aus den geistigen Kämpfen Englands im 17. Jahrhundert.
Von Dr. Ed. Fechtner, Custos d. Bibliothek d. techn. Hochschule Wien.
310 S. Brosch. M. 5.—.

I. Knabenalter und Studienjahre. II. Eintritt ins öffentliche Leben. III. Im Hause des Grafen Shaftesbury. IV. In Frankreich. V. Locke während der politischen Kämpfe von 1679—1688. VI. In Holland. VII. Zeit der literarischen Produktion. VIII. Im Dienste des Staates. — Literarische Kontroversen. IX. Die letzten Jahre. X. Locke's Charakter.

Der Wille zum Glauben

und andere popularphilosophische Essays.
Von Prof. William James. Übersetzt von Dr. Th. Lorenz.
216 Seiten. Brosch. M. 3.—.

1. Der Wille zum Glauben. 2. Ist das Leben wert, gelebt zu werden. 3. Das Rationalitätsgefühl. 4. Das Dilemma des Determinismus. 5. Der Moralphilosoph und das sittliche Leben.

Fr. Frommanns Verlag (E. Hauff) in Stuttgart.

Der Kampf zweier Weltanschauungen.

Eine Kritik der alten und neuesten Philosophie mit Einschluss
der christlichen Offenbarung.
Von Prof. Dr. **G. Spicker** in Münster.
310 S. Brosch. M. 5.—.

Ein deutscher Buddhist.

(Oberpräsidialrat **Theodor Schultze**.)
Biographische Skizze von **Dr. Arthur Pfungst**.
50 S. 8°. Brosch. M. —.75.

Die Grundfrage der Religion.

Versuch einer auf den realen Wissenschaften ruhenden Gotteslehre
von Prof. **Dr. Julius Baumann** in Göttingen.
72 S. Brosch. M. 1.20.

Wie Christus urteilen und handeln würde,

wenn er heutzutage unter uns lebte.
Von Prof. **Dr. Julius Baumann** in Göttingen.
88 S. Brosch. M. 1.40.

Leben und Walten der Liebe.

Von **S. Kierkegaard**, Uebersetzt von **A. Dorner**.
534 S. Brosch. M. 5.—; gebd. M. 6.—.

Kierkegaard, S., Angriff auf die Christenheit.

Uebersetzt von **A. Dorner** und **Chr. Schrempf**.
656 S. In 2 Teile brosch. M. 8.50. Gebd. M. 10.—.

Daraus Sonderdruck:

Richtet selbst.

Zur Selbstprüfung der Gegenwart anbefohlen.
Zweite Reihe. 112 S. M. 1.50.

Die Wahrheit.

Halbmonatschrift zur Vertiefung in die Fragen und Aufgaben
des Menschenlebens.
Herausgeber: **Chr. Schrempf**.
Bd. I—IV brosch. à M. 3.20, gebd. à M. 3.75., V—VIII brosch. à M. 3.60,
gebd. à M. 4.15. Bei gleichzeitiger Abnahme von mindestens 4 Bänden
jeder Band nur M. 2.— brosch., M. 2.50 gebd.

Die Zeitschrift enthält eine Anzahl Aufsätze von bleibendem Werte aus der Feder
der Professoren Fr. Paulsen, Max Weber, H. Herkner, Theobald Ziegler,
Alois Riehl, von Pfarrer Fr. Naumann, Karl Jentsch, Chr. Schrempf und
anderen hervorragenden Mitarbeitern.

CPSIA information can be obtained
at www.ICGtesting.com
Printed in the USA
BVHW01s2107120218
507920BV00009B/78/P